NOUVEL

ARMEMENT GÉNÉRAL

DES ÉTATS.

EXPOSÉ GÉNÉRAL

DES CONSIDÉRATIONS, PRINCIPES ET INVENTIONS QUI SONT RELATIFS
DES SYSTÈMES COMPLÈTEMENT NOUVEAUX POUR LES GRANDES PARTIES
CONSTITUANTES DE L'ARMEMENT GÉNÉRAL DE TERRE ET DE MER ;

Suivi

D'Études sur l'Histoire générale de l'Artillerie;

PAR

M. Jean BRUNET,

Membre de l'Ordre d'honneur ; ancien Élève de l'École polytechnique ;
ancien Officier d'artillerie ; ancien Membre de l'Assemblée constituante ;
Auteur de l'*Histoire générale de l'Artillerie*, etc.

Si vis pacem, para bellum

PARIS,

IMPRIMERIE ET LIBRAIRIE MILITAIRES.

J. DUMAINE, LIBRAIRE ÉDITEUR DE L'EMPEREUR,

Rue et passage Dauphine, 30.

1857

NOUVEL

ARMEMENT GÉNÉRAL

DES ÉTATS.

IMPRIMERIE DE COSSE ET J. DUMAINE,
Rue Christine, 2.

NOUVEL

ARMEMENT GÉNÉRAL

DES ÉTATS.

EXPOSÉ GÉNÉRAL

DES CONSIDÉRATIONS, PRINCIPES ET INVENTIONS QUI SONT RELATIFS
A DES SYSTÈMES COMPLÉTEMENT NOUVEAUX POUR LES GRANDES PARTIES
CONSTITUANTES DE L'ARMEMENT GÉNÉRAL DE TERRE ET DE MER;

Suivi

D'Études sur l'Histoire générale de l'Artillerie;

PAR

M. Jean BRUNET,

Membre de la Légion d'honneur; ancien élève de l'École polytechnique;
ancien officier d'artillerie; ancien membre de l'Assemblée constituante;
auteur de l'*Histoire générale de l'Artillerie*, etc.

Si vis pacem, para bellum.

PARIS,

IMPRIMERIE ET LIBRAIRIE MILITAIRES.

J. DUMAINE, LIBRAIRE ÉDITEUR DE L'EMPEREUR,
Rue et passage Dauphine, 30.

1857

NOTE

SUR

LES SERVICES ET SUR LES OUVRAGES

De M. Jean BRUNET.

M. Jean Brunet est né dans le centre de la France. Son père avait fait toutes les guerres de la République et s'était retiré, officier plusieurs fois blessé, après s'être distingué sur le champ de bataille de Marengo. Son éducation fut sévère dans les principes d'ordre et de travail.

A seize ans il était bachelier ès lettres, à dix-sept ans élève de l'École polytechnique , à vingt-un ans lieutenant d'artillerie en tête d'une forte promotion, à vingt-six ans capitaine à un choix très-avancé.

Il travaillait sans relâche dans les divers services, non-seulement à faire les choses courantes, mais encore à trouver des choses meilleures.

Ainsi, dans les régiments et au milieu des fatigues des services journaliers, il était presque toujours chargé des cours de mathématiques, d'artillerie et de fortification pour les sous-officiers qui pouvaient monter jusqu'à la position d'officier ; de plus, on lui confiait souvent des rapports sur des questions spéciales.

Dans les établissements, tout en veillant à des fabrications considérables, puis à des constructions de canaux, de bâtiments et de machines, il faisait des expériences et des inventions spéciales, qui lui attiraient des éloges, en même temps qu'il attaquait avec fermeté les abus d'administration et d'organisation des grands établissements de l'État.

Prompt à secourir le malheur, il s'exposait dans un terrible incendie, de telle sorte qu'il fut l'objet d'un ordre spécial du ministre de la guerre, et il se rendait des plus utiles, lors des inondations du Rhône en 1840.

Enfin, dans les bibliothèques ou dans le silence de son logement, consacrait ses loisirs, ses nuits et ses ressources à des travaux de science et d'histoire, qui devaient le conduire à publier, à l'âge de vingt-sept ans, l'histoire générale de l'artillerie.

Voici la préface que M. Jean Brunet mit en tête des deux forts volumes qu'il fit imprimer à Paris, du fond de la campagne où il conduisait de grands travaux de construction :

« L'histoire générale de l'artillerie est un sujet vaste et entière-
« ment nouveau. Pour le traiter, il a fallu fouiller dans l'histoire de
« tous les peuples et de tous les temps; il a fallu descendre des
« considérations politiques les plus générales aux minutieux détails
« de la spécialité ; enfin il a fallu, après avoir débrouillé une mul-
« titude d'éléments divers, classer et lier ces éléments de manière
« à en former un tout homogène.

« Cet ouvrage s'adresse non-seulement aux artilleurs de tous les
« pays et aux militaires en général, mais aussi aux historiens, qui
« ont trop négligé l'influence de l'artillerie sur l'état militaire et
« politique des nations, puis sur les progrès de la civilisation.

« En traitant des rapports de l'artillerie avec les autres armes, en
« appréciant sa marche chez toutes les puissances, nous espérons
« n'avoir cédé à aucun préjugé d'arme, ni à aucun entraînement
« de nationalité. Si un grand rôle est assigné à l'artillerie et si celle
« de France occupe le rang le plus élevé, c'est que l'évidence des
« faits parle trop haut pour qu'il en soit autrement.

« Probablement des critiques seront faites. Nous n'en repous-
« sons d'avance aucune ; nous donnerons pour excuse de nos fautes
« que nous marchions dans un pays extrêmement accidenté et
« obscur, sans route frayée et sans guide ; que notre travail a été
« fait au milieu d'un service continuel, compliqué et fatigant. »

L'apparition de cet ouvrage fut accueillie partout avec une faveur très-marquée. On pourrait citer les lettres adressées par des
hommes éminents de la France et de l'étranger, parmi lesquels on
se borne à mentionner le maréchal Soult dans l'état militaire, le
général Piobert dans la science de l'artillerie, M. Michel Chevalier
dans la science économique des États.

Quant aux opinions publiées, voici des extraits de ce que l'on
trouve dans les principaux organes de la presse militaire de France :

SPECTATEUR MILITAIRE, *compte-rendu du colonel d'artillerie Tortel*, 1842.—
« Au milieu du XIXᵉ siècle, l'histoire de l'artillerie restait encore à faire. C'est
« qu'il ne suffisait pas d'un artilleur érudit, il fallait encore réunir un profond

« historien dans la personne d'un de ces écrivains à larges vues dont les récits
« sont des tableaux. Cette belle entreprise, cette tâche laborieuse, qui a semblé
« trop forte à tant d'écrivains, voici qu'un jeune capitaine ne craint pas de la
« tenter, et certes c'est avec succès. Les faits relatés sont abondants, exacts, cu-
« rieux ; les réflexions sont justes et souvent profondes ; les conséquences inté-
« ressantes et d'un ordre élevé. En tête de cette histoire est un aperçu général
« sur l'artillerie. Son organisation, son emploi, son service, son esprit même, y
« sont passés en revue, d'un style pittoresque, rapide et chaleureux. Electrisé
« par la lecture de cet aperçu général, morceau d'éloquence militaire, il n'est
« personne.... »

MONITEUR DE L'ARMÉE, compte-rendu en 1842, 1843 et 1845. — « L'artille-
« rie n'avait par encore raconté ses débuts, ses progrès et son influence sur la
« civilisation des peuples. C'est un sujet vaste et nouveau que l'auteur a
« abordé avec confiance et qu'il a traité avec succès. Nous nous hâtons de dire
« que tout ce travail est l'œuvre consciencieuse d'un homme érudit, et érudit
« avec intelligence.... Les parties fixent l'attention, tant par l'étendue et la saga-
« cité des aperçus, que par l'importance des enseignements historiques et la dis-
« tinction du style. L'auteur devait, dans le travail d'introduction, employer le
« style nerveux et concis qui convient à une large exposition de faits et de prin-
« cipes renfermés en peu de pages. On peut dire qu'il a rempli cette tâche avec
« un remarquable talent d'écrivain et d'homme de science.... »

SENTINELLE DE L'ARMÉE, compte-rendu en trois articles du général de Vau-
doncourt, 1843. — « L'ouvrage dont nous rendons compte est destiné à pren-
« dre rang au nombre des livres classiques dont l'objet est de faire bien connaî-
« tre la marche et le développement des principes. Sous ce rapport, il manquait
« pour l'étude complète de la science de la guerre dans chacune de ses parties. »

Ayant fait tous ses efforts pour venir en Afrique, M. Jean Brunet y remplit les services variés d'officier d'artillerie, notamment
dans les positions d'Alger, Oran, Mostaganem et Mascara. En
outre, il reçut du ministre la mission de préparer l'organisation du
service des poudres et salpêtres pour l'Algérie ; il fit des projets
complets qui lui valurent des éloges et une récompense. Il étudia
aussi tout un nouveau système d'armement pour la partie occiden-
tale de la Méditerranée.

Comme faits de guerre, il assista aux opérations de la province
d'Oran, du Dahra et de la grande Kabylie. Dans cette dernière contrée, après de rudes combats et de pénibles retraites, il fut envoyé
en mission au maréchal Bugeaud, qui revint avec de grandes forces
et l'employa près de lui jusqu'à la fin de la campagne. Il fut mis à
l'ordre de l'armée, et tous les chefs, notamment le colonel de
St-Arnaud, firent l'éloge de sa conduite et des services qu'il avait
rendus. Plus tard il fut décoré de la Légion d'honneur.

Mais, en outre de ces services militaires, M. Jean Brunet se mit
complétement à la disposition des grands chefs de l'Algérie, pour
l'œuvre du gouvernement et de la colonisation. Il fallait agir et
créer rapidement, au milieu des misères et des fatigues incessantes

d'une des plus rudes guerres que l'on ait jamais vues, sur des terrains nus, avec les débris bouleversés et misérables de races et de sociétés distinctes.

Placé dans la province d'Oran, là où étaient accumulées les difficultés de toute sorte et à l'époque où se décidaient les plus graves événements, M. Jean Brunet fut chargé par le général de Lamoricière de centraliser les affaires arabes, civiles et coloniales de la province. Sa position n'avait rien d'officiel, elle était toute de dévouement, et son nom ne paraissait jamais. Cependant ses travaux n'en étaient pas moins énormes et souvent de vingt heures sur vingt-quatre, à cette époque où l'on distinguait, parmi les chefs de la province d'Oran, les Cavaignac, Pélissier, Bosquet, etc.

Il serait oiseux de signaler les services administratifs et les créations matérielles auxquels M. Jean Brunet a dû prendre part. Cependant on doit indiquer quelques faits spéciaux, parce qu'ils se rapportent plus particulièrement au plan général de conduite qu'il a toujours défendu et suivi dans les affaires algériennes.

Membre de la commission appelée à déterminer le système des établissements de la province d'Oran, il excita sans relâche à porter immédiatement dans cette partie ravagée de l'Afrique les plus grands efforts de la colonisation, pour étouffer le siége de la puissance d'Abd-el-Kader, couper les communications entre la masse de l'Algérie et les foyers fanatiques du Maroc, établir fortement l'influence de la France dans l'ouest de la Méditerranée. Ayant proposé un nouveau système de grands et rapides travaux en Algérie, M. Jean Brunet, soutenu par le général de Lamoricière et par le conseil administratif de la province d'Oran, fut envoyé en mission au maréchal gouverneur, qui le fit discuter devant lui avec le général commandant du génie.

Il fut le promoteur et l'exécuteur dans certaines limites des opérations suivantes : Barrage du Sig et irrigation de la vaste plaine, premier grand travail fait à l'intérieur, pour rattacher les indigènes par des bienfaits et développer sur une grande échelle la richesse territoriale ; nombreux ponts sur pilotis que l'artillerie jeta avec peu de dépenses et en peu de temps sur les plus grandes rivières ; grandes exploitations européennes de l'intérieur : Arzew, St-Denys, l'union du Sig, fermes de Mascara et d'Agbell ; fixement des débris de tribus indigènes dans des habitations fixes, villages des Djalis, près d'Oran ; installation rapide des émigrants européens par les travaux préparatoires de l'armée, arrivée subite à Oran de cinq vaisseaux chargés d'Allemands rongés de maladies et de misères ; répartition du sol entre les tribus résidentes, celles qui revenaient du Maroc ou du désert, puis les centres de la colonisation européenne.

A la fin de 1846, les affaires arabes, civiles et coloniales, avaient pris un développement remarquable dans la province d'Oran ; le général de Lamoricière, à son retour de France, et le général d'Arbouville, qui avait commandé la province par intérim, présentèrent M. Brunet au maréchal Bugeaud comme ayant rendu de grands services dans la direction de ces affaires, surtout pendant les longues absences que les expéditions militaires les forçaient de faire hors du siége de leur gouvernement.

Du milieu de ces travaux multipliés dans des positions pénibles et précaires, M. Jean Brunet trouva le moyen d'envoyer de l'Algérie à Paris des études sur les affaires de la grande colonie. Ces fragments, publiés dans le *Spectateur militaire*, formèrent ensuite les chapitres d'un volume qui parut au commencement de 1847, sous le titre de *La question algérienne.*

Voici la préface que M. Jean Brunet mit en tête de cet ouvrage :

« La question algérienne pèse d'un poids si considérable sur
« le présent et sur l'avenir de la France, que l'on ne saurait lui con-
« sacrer trop d'attention. Dans tout ce qui a été fait jusqu'à présent
« on ne trouve l'exécution ni même l'idée d'un plan général, dis-
« cuté dans toutes ses parties théoriques et pratiques, basé sur la
« constitution ordinaire des États, utilisant l'ensemble des éléments
« dont l'Algérie, la France et les États étrangers, peuvent disposer
« pour la colonisation. Cependant, sans ce plan général, il paraît
« difficile de conduire convenablement une aussi vaste entreprise
« et de satisfaire à l'urgence des circonstances, urgence en présence
« de laquelle on ne se presse pas assez.

« Dans cet ouvrage, nous essayons de traiter la question algé-
« rienne d'une manière complète. Quelle que soit la valeur que l'on
« attribue à nos efforts, nous commencerons par établir que nous
« cherchons moins à présenter des systèmes nouveaux qu'à indi-
« quer comment on pourrait satisfaire aux nécessités impérieuses
« de la position générale, en concentrant tous les éléments dont on
« peut disposer sur les points importants du territoire algérien, de
« manière que chacun de ces éléments opère, le plus librement pos-
« sible, dans un cadre déterminé et bien lié aux autres parties du
« plan général. »

Dès son apparition, cet ouvrage fixa l'attention d'hommes bien divers, depuis M. Guizot jusqu'à Lamenais. On se bornera à citer le *compte-rendu qu'en a fait en 1847 M. Jules Duval, directeur des annales et de la colonisation algérienne* :

« Voici un des beaux livres qui aient été écrits sur cette question algérienne « qui est destinée à devenir dans peu le centre de la politique française.

« Avant de dire ce qu'il contient, que l'on nous permette de céder au senti-« ment de haute estime que nous avons éprouvé pour l'officier et pour l'écrivain, « en parcourant ces pages où toutes les faces importantes du problème sont abor-« dées avec une vigueur et jugées avec une élévation tout à fait remarquables.

« Il serait impossible de dire plus et mieux en moins de pages. Nous entendons « moins louer les solutions de détail, dont la spécialité nous échappe, que l'esprit « véritablement organisateur qui les a inspirées et qui éclate à chaque ligne.

« Dès le début, l'œuvre de la France en Afrique est posée avec hardiesse dans « toute sa grandeur : le plan général est fermement tracé, le système d'exécu-« tion clairement indiqué. La pensée passe sans effort, grâce à un enchaîne-« ment logique d'une admirable rigueur, des principes les plus généraux aux « applications les plus restreintes, en touchant dans sa route à tous les points « essentiels. On se plaît à suivre le jeu d'une forte intelligence aussi familière « avec la réflexion qu'avec l'action, habituée à organiser, et comprenant à mer-« veille, qualité si rare, toutes les conditions de l'organisation : conception inté-« grale, volonté ferme, suite dans les desseins, emploi utile du temps, des talents « et des forces diverses, essor énergique et agencement habile de tous les élé-« ments.

« Aussi, par une dérogation aux usages de la presse, remplacerons-nous le « jugement sommaire de la critique par une analyse.... »

Avant de quitter l'Algérie, M. Jean Brunet assista, seul témoin, aux discussions entre le maréchal Bugeaud et le général de Lamoricière sur toutes les questions du gouvernement et de la colonisation de l'Algérie. A son retour en France, la grande commission algérienne de la chambre des députés, qui avait pour président M. Dufaure et pour rapporteur M. de Tocqueville, le fit appeler ; M. Guizot, président du conseil des ministres, lui demanda des mémoires ; Monseigneur le duc d'Aumale, qui partait comme gouverneur général de l'Algérie, le fit venir aux Tuileries.

M. Brunet se mettait avec empressement à la disposition de toutes les personnes influentes pour la prospérité de notre colonie, qu'il regardait comme la plus grande œuvre de son pays.

Rentré en France, M. Jean Brunet se donna à ses travaux d'artillerie. Ses dernières positions de services furent les suivantes :

Commandant de batterie de régiment, il était en même temps chargé de faire des expériences sur de nouvelles pièces et de nouveaux affûts, puis encore chargé de faire le cours sur l'emploi de l'artillerie à la guerre aux officiers des deux régiments de Vincennes. Attaché deux fois au comité central d'artillerie de Paris, il s'occupa beaucoup de grands établissements à construire près de Paris, de travaux historiques et d'invention sur l'armement, tout en se donnant aux services courants, et dont le dernier fut celui-ci : membre d'une commission comprenant quatre généraux, dont MM. Piobert et Morin, membres de l'Institut, pour la réorganisation du service général des poudres et salpêtres en France. Il fut nommé rapporteur et son travail fut adopté à l'unanimité.

Cependant, au milieu de ces travaux et en outre des deux grands ouvrages dont il a déjà été parlé, M. Brunet publia trois mémoires qui furent fort remarqués. Les titres de ces publications sont : *Une expédition dans la grande Kabylie en* 1844; — *Du système pénitentiaire dans les armées,* travail qui fut signalé par M. Darricau, intendant militaire et conseiller d'État; — *Du rôle des armées en Italie,* travail publié en février 1848 et qui valut à l'auteur les éloges de plusieurs hommes marquant de l'Italie, notamment du général piémontais La Marmora.

En 1848, quand éclata la révolution de février, M. Jean Brunet était en garnison à Vincennes. Il maintint fermement ses hommes et assista, avec un pénible étonnement, mais aussi avec une réflexion calme, à la retraite du pouvoir, à la dislocation des administrations et de l'armée, au soulèvement général de Paris et du royaume. Il pensa que la France, dans l'état d'abandon et d'embrasement où elle se trouvait, ne pouvait être sauvée que par elle-même, agissant librement, avec sa masse de bons instincts, de raison et de force, dans l'établissement d'une république loyale, large et ferme, qui respecterait tous les droits, et sa carrière politique commença.

Dès le début il se plaça sur la brèche, au milieu de la tourmente, luttant contre les désordres de la démagogie et de la réaction. Venu seul et presque inconnu dans le centre de la France, qui était tourmenté par les plus grandes agitations, il pénétra dans les clubs, frappa sur les excès et les théories dangereuses, parvint à donner confiance à tout le monde.

Voici la profession de foi par laquelle il posa sa candidature à l'Assemblée nationale :

« Citoyens, je viens me présenter comme candidat à la députation.

« Homme nouveau, je dois vous dire quels sont mes antécédents,

« les voici en peu de mots : Élève de l'école polytechnique il y

« a seize ans, officier d'artillerie, constamment chargé de tra-
« vaux divers en France et en Algérie, auteur d'ouvrages sur des
« questions importantes, j'ai la conscience de n'être jamais resté un
« seul jour sans travailler à me rendre utile à mon pays.

« Dans l'Assemblée nationale, les principes de ma conduite se-
« raient les suivants :

« Constitution de tout l'édifice social sur de larges bases démo-
« cratiques. Liberté pour tout le monde, mais en même temps
« maintien énergique de l'ordre établi par le pacte social.

« Sympathie profonde pour les ouvriers, qui doivent enfin obtenir
« une bonne place au soleil, mais profit et sécurité pour tous : car les
« droits et les moyens de chacun sont indispensables à la société.

« Organisation du travail général, de manière à supprimer les
« rouages inutiles, à exciter l'émulation, à perfectionner les élé-
« ments, à mettre constamment dans des rapports convenables,
« au moyen de l'association libre ou de l'administration supérieure,
« les bras, les capitaux mobiliers et immobiliers, les capacités di-
« rectrices.

« Réorganisation de notre armée, de manière à la perfectionner
« et à réduire considérablement les dépenses qu'elle entraîne
« aujourd'hui.

« Concentration rapide de grands efforts colonisateurs sur l'Al-
« gérie, qui doit devenir une partie de la France détachée de
« l'autre côté de la Méditerranée.

« Relations de paix avec toutes les puissances étrangères ; indé-
« pendance dans notre génie libéral et dans notre force, mais
« sympathie assurée pour les nations qui souffrent.

« En finissant, citoyens, je vous dirai : La patrie se trouve dans
« des circonstances très-difficiles, mais j'ai foi profonde dans son
« avenir. La France finira par être mieux ordonnée, plus noble et
« plus forte que jamais ; pour en venir là, à travers de rudes
« épreuves, il faut que des hommes de cœur et de travail se jettent
« dans la mêlée. Si vous me jugez tel, citoyens, et si vous me choi-
« sissez pour vous représenter, je serai heureux et fier de me
« dévouer. »

Membre de l'Assemblée constituante, dès les premiers jours, alors
que le danger grondait et que personne n'élevait la voix, M. Jean
Brunet monta à la tribune pour sommer le Gouvernement de rétablir l'ordre dans le centre de la France qui était en proie à l'insur-
rection. Au 15 mai, pendant les batailles de juin, et devant la cour

de Poitiers, sa conduite fut toujours la même : dévoué à la liberté, mais sévère contre l'anarchie.

Pendant la durée de l'Assemblée, M. Jean Brunet, se tenant en dehors des polémiques qui attiraient le bruit, travaillait sans relâche dans les commissions, les comités et les bureaux. Le *Moniteur* peut montrer, par l'ensemble de ses discours à la tribune, de ses rapports et propositions, quelle fut son activité, et quel fut aussi son esprit d'unité, d'ordre et d'initiative.

Ses travaux législatifs se classent ainsi :

Organisation de l'Assemblée constituante. Propositions et discours pour la mettre en état d'exécuter, avec ordre et rapidité, sa tâche de réorganisation politique et sociale.

Administration générale. Proposition pour un nouveau système d'organisation. Groupement des départements en provinces ou inspections permanentes. Discours sur le pouvoir exécutif, sur le Conseil d'Etat, sur la loi électorale. Rapporteur de la loi sur les fonctionnaires publics.

Institutions militaires. Efforts incessants pour relever et réorganiser l'armée. Discours sur les budgets de la guerre, contre l'envahissement des créations nouvelles de gardes mobiles et autres, contre les enrôlements trop précipités, contre le système de réorganisation militaire basé sur l'attrait du pécule. Demande d'organiser une réserve sérieuse de l'armée.

Question du travail. Discours sur les moyens d'exciter la reprise des travaux et d'organiser les ateliers dans toute la France, sur les exécutions par les associations d'ouvriers, sur les avantages de l'association générale entre tous les éléments nécessaires à une entreprise. Discours sur les heures de travail, sur les salaires, sur le travail dans les prisons, etc.

Travaux publics. Rapports et discours sur les budgets extraordinaires, sur l'administration des bâtiments civils, sur le canal et sur les routes des grandes Landes, sur les chemins de fer de Paris à Lyon, de Paris à Strasbourg, d'Avignon à Marseille, de Nevers, de Limoges, etc.; sur la nécessité d'adopter des chemins mécaniques pour les contrées pauvres et montagneuses. Membre rapporteur sur la loi du rachat de toutes les grandes lignes de chemins de fer par l'Etat. Le 2 février 1849, M. Jean Brunet monta trois fois à la tribune, et fit rendre une loi pour racheter, à un taux débattu par arbitres, le chemin de fer d'Avignon à Marseille. Quelques jours après, une députation de Lyon et de Marseille vint le remercier

du grand service qu'il avait rendu au midi de la France. Le fait est
que l'Etat rachetait alors, au grand contentement de tout le monde
et pour moins de 300 francs, les actions d'un chemin dont la valeur
dépasse 2,500 francs.

Algérie. Efforts incessants pour exciter le développement rapide
de l'entreprise algérienne, comme monument de la nature sociale
et féconde de la révolution de février. Proposition d'un plan général
d'opération qui fut discuté et approuvé par le comité de l'Algérie.
Proposition pour installer immédiatement des colonies départemen-
tales ; elle fut rapportée favorablement, recommandée par l'Assemblée constituante aux conseils généraux et soumise à leur délibéra-
tion par le ministre de l'intérieur, M. Dufaure. Discours sur les
budgets algériens, sur les colonies agricoles par les émigrants pari-
siens. Première proposition de supprimer les douanes spéciales de
l'Algérie et de la considérer comme partie intégrante du territoire
français.

Instruction publique. Proposition pour la rendre plus complète
et plus répandue.—*Commerce.* Première proposition et rapport, qui
furent envoyés par l'Assemblée aux ministres des travaux publics et
des finances, pour l'établissement immédiat de grands docks avec
warants, aux débarcadères des voies de communication. — *Finances.* Propositions pour l'établissement général du crédit foncier
par la circulation des valeurs immobilières et hypothécaires.

Ces travaux considérables, M. Jean Brunet les continua avec
calme jusqu'à la fin de l'Assemblée constituante.

Ayant renoncé aux positions politiques et militaires, M. Jean Brunet
entra dans une carrière libre d'études, de voyages et d'entreprises,
en France et à l'étranger. Nous ne saurions le suivre dans cet ensemble d'efforts, qui paraissent lui avoir servi de champ d'épreuves
pour des idées et des organisations dont la nouveauté et l'étendue
ont quelque chose qui étonne en même temps que la persévérance
avec laquelle il poursuit, à travers tous les obstacles, les grandes
questions qu'il a entrepris de résoudre.

NOUVEL
ARMEMENT GÉNÉRAL DES ÉTATS.

PRÉFACE.

Au milieu du mouvement général de progrès qui emporte les sociétés humaines, l'adoption d'un nouveau système d'armement général est une des questions les plus vastes, les plus difficiles et les plus importantes que l'on puisse soulever.

Depuis longtemps je travaille à la résoudre, et depuis longtemps aussi les principes en sont arrêtés dans mon esprit; mais des circonstances, tenant à des positions, soit générales, soit personnelles, m'ont empêché jusqu'à présent de faire connaître le résultat de mes travaux.

En m'appliquant à étendre la capacité militaire de l'homme, puis à rendre complet, simple, économique et terrible dans son action le système de l'armement général sur terre et sur mer, j'ai la conviction profonde que je travaille pour le bien de l'humanité.

Il est évident, en effet, que des progrès de cet ordre laisseront aux travaux féconds de la paix beaucoup des ressources que les préparatifs et les actions militaires consomment sans profit; rendront les guerres plus difficiles, moins oppressives et moins longues; empêcheront les armées de s'user dans l'impuissance, devant certains obstacles matériels, ou de succomber en quelques heures dans des boucheries corps à corps; permettront à chaque nation d'armer facilement son territoire et ses masses de citoyens pour faire respecter son indépendance et ses droits; amèneront ainsi tous les Etats, grands et petits, à se maintenir avec liberté et dignité au milieu de la confédération des empires.

La grande masse de choses nouvelles, en considérations, principes et inventions pratiques, qui constituent l'ensemble de la révolution que je propose, se trouve condensée dans les chapitres qui suivent, et se classe ainsi : Nouvel ensemble de l'armement général; nouvel armement de troupes; nouvelles artilleries de terre et de mer; nouvel équipement général; nouvelles fortifications et batteries; nouvelle marine.

Je désire que mes efforts attirent l'attention des Gouvernements, des officiers de terre et de mer, et en général de tous les hommes qu'intéressent la prospérité de leur pays, la force et le progrès de la famillehumaine; de plus, je pense que mes indications sont assez précises pour que chacun puisse étudier et appliquer les choses nouvelles.

Mais, pour aboutir dans un aussi vaste travail, il me paraît nécessaire d'établir à Paris, sous le titre de *Conseil libre pour le nouvel armement général des Etats,* une agence qui centralisera toutes les publications, discussions, expériences et applications qui seront faites dans les divers pays, et j'appelle à m'appuyer, dans ce Conseil libre de fondation, tous les hommes de bonne volonté, à quelque position et à quelque nationalité qu'ils appartiennent.

Jean BRUNET.

NOUVEL

´ARMEMENT GÉNÉRAL DES ÉTATS.

CHAPITRE Iᵉʳ.

CONSIDÉRATIONS GÉNÉRALES.

SOMMAIRE.

I. Tendance des sociétés humaines.— II. Des États militaires d'aujourd'hui, surtout en Europe.— III. De l'armement général dans la dernière guerre. — IV. Des vices principaux des grandes parties constituantes de l'armement général.—V. Conditions générales des changements et des applications. — VI. Ensemble de la révolution dans l'état militaire.

I.

Évidemment l'humanité entre dans une voie de transformation qui doit conduire à diminuer de plus en plus les divergences et les hostilités entre la multitude d'éléments dont elle se compose.

Les institutions et les opérations militaires ont, depuis de nombreux siècles, dominé l'ensemble des relations humaines et agi violemment comme l'instrument fatal de la puissance, pour sillonner les territoires et les peuples, briser les obstacles, renverser les barrières et masser, dans le torrent de l'unité, les blocs âpres et rudes qu'elles détachaient incessamment des couches diverses de la formation humaine.

Après cette terrible œuvre de préparation par la guerre, sont venues les prédications des grands moralistes, les conquêtes des sciences naturelles et mathématiques, les instal-

1

lations de plus en plus solides en raison du travail, les acquisitions incessantes de l'industrie et des beaux-arts, la multiplicité des voies de communication, le rayonnement de
plus en plus étendu de la presse, l'organisation hiérarchisée
de la force administrative, enfin l'affranchissement politique
en raison des droits naturels..., et toutes ces grandes causes,
agissant de jour en jour avec une énergie de plus en plus
grande, tendent à réduire la domination trop exclusive des
faits militaires.

A voir ce mouvement général, qui paraît saisir tous les
éléments de l'humanité sur les divers points de la terre pour
les rapprocher les uns des autres ; à étudier cet esprit de
tolérance qui domine de plus en plus les opinions personnelles, politiques et religieuses, et réunit souvent, dans un
effort commun, les divergences dont le fanatisme d'autrefois
fut si âpre et si cruel ; à contempler ces transports incessants
par les télégraphes, les routes, les chemins de fer, la navigation et bientôt les aéronaves, qui mettent en contact continuel de bons rapports, d'intérêts et de confiance, les groupes
de l'humanité parqués jusqu'alors dans un espace resserré,
où ils s'ignoraient les uns les autres et se laissaient aller à
toutes les suggestions de l'erreur, de la défiance et de la
haine ; à sentir cette force toujours vibrante de l'opinion
publique, qui saisit les âmes et les esprits, en quelque lieu
et dans quelque condition qu'ils soient, pour les associer aux
grandes paroles, aux grands écrits et aux grandes conquêtes
du progrès : à suivre cet esprit général de prudence et d'é-
quité, qui tend de jour en jour à faire décider par un arbi-
trage pacifique les multitudes de différends dont un seul eût
suffi autrefois pour amener de longues et terribles guerres ; à
voir tous ces grands faits, tous ces magnifiques progrès de l'humanité, on peut se demander si, les causes d'hostilité dimi-
nuant de plus en plus, les institutions et les opérations militaires ne devront pas finir par disparaître ?

L'humanité formant une seule famille, pacifique et tra-
vailleuse, où tout se réglerait conformément à l'intérêt in-

dividuel et général, en raison des codes établis et en vertu des arrêts souverains d'un tribunal arbitral, puis d'une force de police pour assurer l'exécution de la loi..., sûrement c'est là un magnifique but que l'humanité peut s'efforcer d'atteindre et dont elle doit se rapprocher le plus possible.

Mais, pas d'illusion, pas d'utopie, et sachons tenir compte des faits que l'expérience et la raison nous démontrent et nous expliquent dans les conditions organiques de la constitution humaine.

La loi générale de l'humanité, comme de toutes les autres institutions divines, est le mouvement continu et équilibré ; les passions humaines sont les grands leviers de ce mouvement ; et, dans leur action plus ou moins juste et plus ou moins énergique, ces passions doivent amener des rivalités, des discussions, des luttes et des efforts qui se traduiront en guerres plus ou moins violentes. Est-ce un bien, est-ce un mal? là n'est pas la question. Mais c'est un fait qu'il faut accepter et en conséquence duquel il faut agir.

Disons-le nettement : l'humanité, réduite à l'état de troupeau pacifique et parqué dans les règles exclusives de la soumission et du bon accord, finirait par perdre toute énergie physique et morale dans les jouissances continues, en viendrait à s'étioler, s'épuiser et se corrompre, tomberait dans un état de petitesses et de faiblesse qui la rendrait la proie trop facile des aventuriers, des despotes ou des fanatiques, qui seraient parvenus à grouper autour d'eux les éléments d'une force militaire peu nombreuse mais implacable dans sa brutalité d'action.

Il ne faut donc pas s'y tromper : quels que soient les progrès pacifiques que réalise l'humanité, quelle que soit la multiplicité des bons rapports qui s'établissent entre les éléments des peuples divers, la lutte est toujours un fond de la nature individuelle, comme des institutions sociales, comme des organisations politiques et des compromis internationaux ; et chacun, l'individu comme l'État, pour avoir le droit et le pouvoir de se tenir en paix, doit démontrer à tout le monde, et à lui-même avant tout, qu'il est prêt pour la guerre.

II.

Du reste, il faut rendre cette justice aux Gouvernements des divers États et surtout à ceux qui président aux destinées des États européens. Ces Gouvernements sont loin, bien loin, de céder aux aveuglements des entraînements pacifiques et de négliger, en conséquence, les institutions et les forces militaires. On peut même croire, en voyant l'exagération extraordinaire et de plus en plus croissante qu'ils s'efforcent de donner à leurs forces militaires de mer et de terre, on pourrait croire qu'ils s'attendent à ce que l'humanité, loin de marcher vers un avenir de fusion et de paix, va s'élancer dans une tempête de luttes et de violences, où la seule autorité agissante et respectée sera celle du plus fort.

Vraiment l'imagination et à plus forte raison le bon sens et la justice s'effrayent, en cherchant à se rendre compte de la masse de moyens de toutes sortes que les Gouvernements ont entassés et entassent de jour en jour pour assurer et développer la puissance militaire des États.

Ne considérons que l'Europe, par exemple, dont le territoire n'est pas la dixième partie des terres de notre globe et dont la population est à peine la quatrième partie de l'humanité.

N'est-ce pas par une huitaine de milliards qu'il faut compter la dépense de toutes ces buttes de terre, de bois et de maçonneries, que l'on appelle fortifications, et qui forment des milliers de places et de forts, sur les frontières terrestres et maritimes, naturelles, artificielles et mouvantes des États ; sans compter que les terrains occupés par ces fortifications représenteraient eux-mêmes une valeur de deux milliards, s'ils étaient mis dans la circulation du territoire productif des villes ?

N'est-ce pas encore à une huitaine de milliards que l'on peut évaluer les dépenses des constructions et la valeur des terrains que nécessitent tous les établissements, ports, manufactures, arsenaux, ateliers, magasins, écoles et casernes multipliées, pour le matériel et pour le personnel militaire, tant de terre que de mer ?

Quand au mobilier, c'est par une douzaine de milliards qu'il faut compter la valeur de ces milliers de navires, de ces cent milliers de bouches à feu, de ces millions d'affûts et voitures, de ces dix millions de munitions, d'outils, d'agrès et de provisions que comprend le matériel des navires et des artilleries de terre et de mer, puis de ces quinze millions d'armes à feu et d'armes blanches qui forment l'armement des troupes, puis enfin des millions d'objets de toutes sortes que nécessitent les vivres, le campement, le grand et le petit équipement.

N'est-ce pas aussi plus d'un million de chevaux que l'état militaire de l'Europe emploie dans les conditions ordinaires, en les enlevant à l'agriculture et au commerce ?

Quant aux hommes, que cet état militaire arrache, dans la force de l'âge, à l'ensemble du travail et de la production, n'est-ce pas par quatre millions, formés de la partie la plus vigoureuse et la plus saine des populations, qu'il faut les compter ?

L'état militaire de l'Europe absorbe donc : quatre millions d'hommes, un million de chevaux, trente milliards de matériel mobilier et immobilier; puis, pour l'entretien de tout cela, une somme annuelle de trois milliards, sans compter la perte d'un revenu que l'on peut évaluer à trois milliards, que produiraient sûrement les trente milliards du matériel militaire, s'ils étaient mis dans la circulation du travail libre et fécond.

Et les choses militaires étant montées sur un pareil pied, que l'on pense aux consommations et aux dépenses énormes qui doivent se faire quand la guerre s'étend et dure. Dans ces cas désastreux, ce ne sont pas seulement les objets matériels qui s'usent et disparaissent, dans des proportions telles que les ateliers et les finances des États n'y peuvent suffire ; ce sont surtout les hommes qui succombent, comme la force des populations que la fatalité anéantit pour des siècles.

C'est surtout nous autres, habitants de cette France que Dieu a désignée pour marcher à la tête de l'humanité, à travers de si terribles épreuves, c'est surtout nous autres qui avons subi ces pertes épouvantables de nos hommes les plus beaux, les plus forts et les plus vaillants, de ceux qui devaient être les pères des générations actuelles et leur donner toutes les qualités énergiques qui les animaient eux-mêmes.

Ils étaient bien plus de quatre millions de Français d'élite, ceux qui ont succombé, depuis soixante ans, dans les guerres de la Révolution, de l'Empire, de l'Afrique et de la Crimée ! Que l'on pense à l'influence que ces nobles victimes eussent exercée sur le nombre et sur la valeur de la population française, s'ils fussent restés dans le travail fécond de la paix.

Ah ! quand on se reporte à cette terrible époque où les forces militaires de la France étaient éparses, depuis Cadix jusqu'à Moscou, et depuis la pointe sud de la Calabre jusqu'à Riga dans la Baltique ; quand on pense à ces cinq cent mille hommes de fer et de feu qu'engloutirent dans une seule année les champs de bataille, ainsi que les glaces de la Russie et les montagnes de l'Espagne ; quand on voit ces cinq cent mille jeunes soldats qui luttaient avec tant d'héroïsme, dans les sanglants combats de 1813, et que la mort fauchait comme les coupes prématurées des générations futures ; quand on voit nos derniers débris succomber, écrasés par le nombre, sous les murs de Paris et dans les champs de Waterloo...., on se demande comment a fait la patrie pour donner un peu de nombre et de force aux générations actuelles.

Ah ! les étrangers prétendent que la France décline, parce que sa population ne marche pas en nombre et en corpulence, en liberté et en esprit d'entreprise, comme la leur ! Ils ont raison sur certains points de faits qu'il serait stupide de cacher ou de nier ; mais ils se trompent étrangement et de beaucoup, sur le caractère de la marche de la France.

Victime des luttes terribles de son état militaire, elle fut laissée, il y a quarante ans, sur le bord du gouffre, saignée à blanc, démoralisée et dépouillée. C'est de là qu'elle est partie pour s'élever, à force de patience, de travail, d'énergie, de génie et d'âme, au point où on la voit aujourd'hui. Oh ! sans doute, vous avez raison de trouver qu'elle pèche encore pour le nombre, pour la corpulence, pour le sentiment de force et de liberté individuelles de ses populations ; oh ! sans doute, vous avez raison d'observer qu'elle paraît avoir abdiqué ce génie colonial, que la politique traditionnelle de nos vieux rois avait implanté sur toutes les parties importantes du globe. Mais observez et ne vous y trompez pas. Rappelez-vous que l'état actuel de la France est le résultat d'un progrès continu, dont le point de départ a été un anéantissement presque complet, il y a quarante ans. Rappelez-vous cela ; et attendez.

Du reste, sans même tenir compte de cet état de transition, de convalescence obligée, pendant lesquelles les forces doivent revenir, il faudrait être bien aveugle pour oser parler du déclin normal, organique de la France.

Est-ce que ce ne sont pas ces populations si chétives, qui d'un coup d'épaule font les révolutions qui ébranlent et font marcher le monde ? Est-ce que ce ne sont pas ces populations qui ont fait de nos jours, en Algérie, la plus grande œuvre coloniale que le monde ait jamais vue ni même conçue ? Est-ce que ce ne sont pas ces petits travailleurs de tous états qui, malgré leurs souffrances longues et poignantes, ont produit tous ces chefs-d'œuvres d'art et d'industrie qui les ont fait reconnaître les premiers ouvriers du monde, aux expositions de Londres et de Paris ? Est-ce que ce ne sont pas les populations, dont les travaux scientifiques, littéraires et artistiques, se répandent avec la langue française chez toutes les sociétés de la terre ? Est-ce qu'enfin, ce ne sont pas les bataillons de ces petits hommes qui se sont fait déclarer les premiers soldats du monde dans les rudes travaux et dans les assauts de la Crimée et de la Baltique ?

Quoi qu'il en soit de la valeur, des progrès et des espérances de la France, il n'en est pas moins vrai que les excès militaires l'avaient épuisée, presque jusqu'à la mort, et qu'elle doit prendre garde de retomber jamais dans la même faute.

J'ai indiqué ce que sont les masses de l'état militaire de l'Europe. Et, quand on pense que cette partie du globe est de beaucoup la plus habile dans l'emploi des moyens perfectionnés de l'action, qu'elle est la plus avancée et la plus sage en idées et en travaux pacifiques, en discussions et en arbitrages d'équité, on pourrait en venir à croire qu'un pareil état militaire est le plus réduit que puissent comporter les sociétés de la civilisation humaine. Mais on serait dans une erreur profonde.

Il y a dans l'organisation et dans l'action militaires des États deux principes extrêmes. Avec l'un, ce sont les masses de population qui forment les armées agissantes, chaque citoyen se présentant au moment du danger, avec sa force et ses armes individuelles, pour entrer dans la masse commune de l'action. Avec l'autre principe, au contraire, les populations sont tranquilles et même inertes dans leurs travaux pacifiques; et l'état militaire est représenté par des corps mercenaires, étrangers ou non, qui vivent tout à fait en dehors de la nation, cette dernière n'ayant à fournir que les finances et toutes les parties mécaniques et industrielles qui forment l'armement général.

C'est entre ces deux positions extrêmes que se développent les états militaires de tous les peuples du monde, suivant les époques et suivant les aptitudes. Les peuples libres, vigoureux pasteurs, laboureurs et pêcheurs, que l'on se plaît à appeler les Barbares, ont un état militaire basé sur le premier principe; au contraire, les peuples mercantiles ou régis par un pouvoir absolu basent leur état militaire sur le second principe.

C'est à ce dernier principe qu'en venait l'état militaire de l'Europe à la fin du dernier siècle; mais la Révolution française de 1789 a régénéré cet état militaire, en le ramenant à

l'énergie, à l'équité et à la puissance féconde du premier principe. Depuis la République, les Gouvernements qui se sont suc-
cédé en France, tout en s'appuyant sur ce premier principe,
comme source inépuisable d'alimentation pour les forces militaires, ont de plus en plus appliqué le second; et il en est résulté
un système mixte que les étrangers ont généralement imité.

On serait sûrement mal venu de ne pas trouver que ce
système militaire de l'Europe, dont on a vu la formidable
importance, est ce que l'on peut faire de mieux; puisqu'il
résulte de la série continue de tant de progrès, de tant de
concours personnels, scientifiques et matériels, qui perfec-
tionnent et polissent sans relâche toutes les parties.

Cependant, je dois ne pas craindre de dire que cet état militaire est tel qu'il faut le changer dans toutes ses parties.

C'est ce que démontrera une discussion approfondie et
basée sur les faits principaux de la mise en œuvre de cet état
militaire, principalement dans les évènements dont la Baltique et la mer Noire ont été le théâtre.

III.

La guerre qui vient de finir et qui peut recommencer, d'un
jour à l'autre, sur une plus grande étendue, doit servir de le-
çon à toutes les puissances, pour compléter et perfectionner
leur état militaire, de manière à le rendre plus efficace dans
son action, plus facile et plus rapide à mettre en jeu, moins
ruineux pour les États.

Cette guerre, en effet, a démontré dans la longue et terrible
lutte de Sébastopol, comme dans les opérations de la Baltique,
que les plus grandes parmi les puissances de la terre se sont
trouvées, au moment d'agir militairement, dépourvues et
souvent impuissantes, malgré les ressources énormes qu'elles
ont consacrées aux préparatifs et à la conduite des opérations.

Ces mécomptes proviennent, non de la valeur des armées;

car jamais troupes n'ont montré un courage plus intrépide,
un caractère plus noble et plus ferme, une instruction
pratique plus développée ; mais bien du système d'armement
général, qui n'est plus à la hauteur des besoins et qui partout
a fait défaut de qualité sinon de quantité.

Par armement général, j'entends cet ensemble de moyens
matériels que la science et l'industrie mettent de jour en jour
à la disposition du personnel des armées, pour s'installer,
marcher et combattre sur terre et sur mer.

Cet armement général constitue, avec l'ensemble de ses
établissements, de ses objets de construction et d'approvisionnement, de ses variétés d'application, une masse énorme
qui doit s'avancer à travers les grandes époques des nations,
en appelant à elle tous les progrès de la civilisation, et en
exerçant une influence dominante sur les institutions et sur
les opérations militaires, puis aussi sur la solidité et sur les
ressources générales des États.

Les hommes se trouvent partout et toujours à peu près les
mêmes, avec les qualités naturelles de l'individu, que peuvent
exalter et discipliner un grand mobile, puis un bon esprit de
conduite ; mais ce qui différencie essentiellement les époques
aussi bien que les nations militaires, c'est le système d'armement général. C'est là la massue avec laquelle les forts et les
civilisés exercent leur action dominante et trop souvent op-
pressive ; c'est là aussi l'instrument dont a nécessairement
besoin chaque nation pour exercer, dans les graves événements de la politique et de la guerre, le rôle que comportent
ses droits, sa puissance et son génie.

L'ensemble de l'armement général, tel qu'il se trouve aujourd'hui, même chez les puissances les plus avancées, n'est
plus qu'un mélange de grands systèmes établis depuis des
siècles avec des multitudes de perfectionnements de détails et
d'innovations, bonnes ou mauvaises, téméraires ou rétro-
grades, que les progrès naturels, les accidents ou les caprices
introduisent de jour en jour.

Dans cet armement général, les vices qui dominent sont

les suivants : mauvais principes mathématiques et physiques ; lacunes regrettables pour des services extrêmement importants ; faiblesse étonnante et souvent impuissance d'effet ; confusion, malgré des superfétations de classements et de catégories ; manque d'unité, surtout pour les rapports entre les différentes spécialités du service ; complication et lourdeur de composition ; difficulté de construction et de mise en jeu ; absorption excessive d'hommes et de moyens de transport ; nécessité d'établissements immenses et difficiles ; fortifications sans portée, qui emprisonnent et étouffent les populations et les garnisons ; installations et équipages maritimes qui se présentent monstrueux de masse et de complication, mais qui se trouvent sans action dans trop de circonstances ; enfin, dépenses ruineuses pour les ressources en personnel et en matériel de la plupart des États.

IV.

Tous ces défauts sont évidents pour ceux qui veulent aller au fond des choses.

A une époque où les progrès de la science et de l'industrie permettent de mettre en jeu avec précision tant de moyens mécaniques, que penser d'un armement dont le principe capital, unique, repose sur les mouvements de sphères lancées par une poudre grossière, qui tournoient comme des masses folles dans les airs et s'arrêtent ou se brisent devant la plupart des obstacles, quand l'expérience, d'accord avec la théorie, prouve la possibilité d'obtenir avec les mêmes masses de bonnes portées et des pénétrations quatre fois plus grandes ?

Relativement aux lacunes qui existent dans l'armement général, on reste étonné, quand on parvient à s'élever dans les principes généraux, de voir dans quel cercle étroit se meut la spécialité réglementaire de l'armement ; de voir aussi quelle négligence et quelle impuissance pour mettre en jeu les ressources locales. Tout le monde n'a-t-il pas dû se demander comment il se fait que les plus belles armées et les plus belles flottes d'aujourd'hui se laissent arrêter, paralyser et dépérir, en présence de certaines positions, comme par exemple des vastes étendues de terrains boueux et inondés, ou de côtes découpées et à bas-fonds? Tout matériel normal manque aux armées pour s'installer, marcher et combattre dans beaucoup de circonstances; aussi en voit-on qui passent le temps de l'action à s'épuiser dans la souffrance, en attendant qu'on leur expédie en hâte des objets de toutes sortes, dont les moyens et les combinaisons sont choisis par hasard et qui le plus souvent arrivent trop tard.

La confusion existe dans les principes, dans le matériel et dans l'organisation du personnel à un point qui étonne. On fait et défait presque tous les jours et dans les voies les plus contraires. Au moment même où certaines armes de troupes démontrent la puissance de l'armement dans l'emploi de petites masses bien concentrées et bien combinées, ne voit-on pas la plupart des grandes artilleries reculer vers l'emploi des masses énormes, mais sans énergie d'action? La France ne vient-elle pas d'être dotée de l'artillerie de campagne la plus grosse qu'elle ait jamais eue? Les pièces de marine ne vont-elles pas toujours en augmentant de calibre et de poids, et les artilleries de siége n'en viennent-elles pas à rechercher ces masses exagérées? Enfin, l'Angleterre n'en est-elle pas à s'extasier devant des pièces de 35,000 kilog. qu'elle a fait couler pour intimider la Russie? On croirait parfois revenir au temps d'enfance de l'artillerie, alors que des chefs orgueilleux faisaient traîner une bombarde énorme par deux cents chevaux, à travers les populations prosternées dans l'admiration.

Au milieu d'un tel état de choses, quelle unité et quel équilibre peut-il exister entre les diverses parties de l'armement? Chaque service tend à s'isoler dans un domaine à lui et paraît tenir à avoir ses principes et ses éléments d'armement complétement différents de ceux de l'armement des autres spécialités. Aussi qu'en résulte-t-il au point de vue de l'action? Des dépenses énormes, des défauts, des lenteurs et des désastres. Les champs de bataille du duché de Bade, de Rome, de la mer Noire et de la Baltique n'ont-ils pas démontré que désormais les artilleurs sont tués sur leurs pièces par les tirailleurs qui se tiennent hors de la portée du canon?

La complication de composition est forcément dans la nature du système actuel d'armement. Un simple fusil n'offre-t-il pas une vingtaine de pièces distinctes et compliquées de forme, dont chacune doit être considérée par le service dans deux ou trois positions diverses? Quant au nombre d'éléments qu'exigent les bouches à feu, avec leurs munitions, leurs affûts, leurs voitures, leurs agrès... c'est là tout un monde de détails et dont la nomenclature seule a quelque chose d'effrayant. Sans doute, on cherche sans cesse à simplifier, et l'on est heureux quand on trouve que le même boulon peut servir à deux trous; mais jusqu'où peut aller la conséquence d'un pareil progrès, tant que l'on conservera le principe de complication organique?

En ce qui concerne la difficulté de construction et de service, les quatre cinquièmes au moins des peuples de la terre ne sont-ils pas dans l'impossibilité de construire, entretenir et servir les masses du système d'armement actuel, qui devient alors le monopole de quelques puissances avancées en industrie et possédant chez elles d'immenses ateliers de production? Est-ce qu'un pareil état de choses est convenable? Est-ce que les droits et l'énergie naturelle des populations doivent être ainsi à la discrétion de l'esprit mercantile ou militaire de quelques individus? C'est évidemment mauvais; et cependant on comprend qu'il ne peut en être autrement, quand, en pénétrant dans la nature et dans l'organisation des grands établissements producteurs de l'armement actuel, on voit que tout doit être fait avec des matières choisies, dans des formes rigoureusement précises, avec des outillages multiples et perfectionnés, au moyen d'ouvriers habiles et formés de longue main. Combien peu, parmi les nations de la terre, sont en état de comprendre et de réaliser de pareils établissements. Ne voit-on pas, parmi les plus grandes, la Russie travailler depuis des siècles avec intelligence et persévérance, puis avec des sacrifices énormes, à établir chez elle la grande production du matériel d'armement dont elle a besoin, sans avoir pu encore y parvenir complétement? Et, d'ailleurs, les guerres de la France comme celles de la Russie ne démontrent-elles pas les peines inouïes et souvent insurmontables que les premières puissances militaires du monde éprouvent à armer les levées de citoyens qui veulent défendre la patrie?

La quantité d'hommes et de moyens de transport qu'exige le matériel d'armement, lourd et compliqué, tant pour sa construction que pour sa mise en service, arrive à des proportions énormes de dépenses, surtout en temps de guerre. Le siége de Sébastopol a démontré comment des armées, placées dans les circonstances les plus extraordinairement avantageuses au point de vue des transports, s'épuisent pour manœuvrer et approvisionner leur matériel d'armement. Dans les circonstances ordinaires de routes par terre, c'eût été par centaines de mille qu'il eût fallu compter les hommes et les chevaux qui eussent péri aux services d'un siége semblable, en admettant qu'il eût été possible de songer à réunir les masses inouïes d'armement que les vaisseaux ont déposées à l'entrée des tranchées. Évidemment le matériel actuel exige trop d'hommes et de chevaux. Quoi de plus frappant à cet égard que ce simple fait : dans l'artillerie française, une batterie de campagne de six pièces, n'agissant pas plus loin que les carabines de tirailleurs, nécessite plus de deux cents chevaux et de deux cents artilleurs, réduits la plupart au rôle de charretiers!

Les fortifications et les retranchements permanents ou provisoires, pour la défense ou l'attaque, sont évidemment une partie importante du système d'armement général. Où en est aujourd'hui cette partie si exigeante de l'état militaire? à quels principes obéit-elle? Sont-ce les systèmes de Vauban,

Cormontaigne, Montalembert, Darçon, Carnot, Haxo, Lamadelaine, Choumara, Tottleben, etc.? Mais tous ces systèmes de fortifications, déchiquetés et découpés, pour saisir chaque mètre des terrains considérables qu'ils envahissent par des ouvrages, nécessitent des dépenses de temps, d'hommes et de matériaux qui encombrent et ruinent les contrées et les armées. Que deviendront tous ces ouvrages, plus ou moins combinés et découverts, en présence d'armes à feu dont la puissance sera quadruplée pour la bonne portée et pour la pénétration dans les terres, les bois, les maçonneries? Les travaux gigantesques du génie et de l'artillerie au siége de Sébastopol n'ont-ils pas montré à quels excès on est obligé de pousser dans l'entassement des moyens matériels? Et tout le monde ne commence-t-il pas à sentir que ces murailles, fortifiées d'après des systèmes trop resserrés, doivent disparaître ou se modifier, de manière que les grandes places soient plus fortes, en étendant pour tout le monde la liberté d'action à ciel ouvert.

Quant aux flottes militaires, sûrement, en voyant s'avancer, à travers les plaines et les montagnes de l'Océan, ces colosses de vaisseaux à trois ponts, avec leurs cent vingt-cinq bouches à feu de gros calibre, leurs milliers de matelots, leur immense envergure de voiles ou leur force prodigieuse de vapeur qui les pousse avec rapidité et précision, sûrement on reste frappé d'admiration et de terreur, et l'on se demande s'il est possible de porter plus haut la puissance des moyens militaires. Et cependant, que se passe-t-il le plus souvent? C'est que ces prodigieux bâtiments, dont la mise en état a absorbé des sommes énormes de travaux perfectionnés, de temps et d'argent, restent inertes au milieu des mers, sans pouvoir aborder les rivages, les places maritimes et les armées où se décide le sort de la guerre. Et s'ils se hasardent à approcher, ces magnifiques vaisseaux, ils sont exposés à échouer comme une masse impuissante, ou à recevoir un simple obus qui les bouleverse et les anéantit.

On s'efforce, il est vrai, de remédier à ces défauts en créant à la hâte des multitudes de petits bâtiments, canonnières, bombardes et batteries flottantes de toute sorte. On tient beaucoup à exalter les ingénieux détails et la terrible importance de ces flottilles ; mais, au résumé, que sont-elles, sinon une masse confuse, grossière, accidentelle et ruineuse d'engins bornés dans leur action, et dont la formation, la réunion le transport et la mise en œuvre absorbent le temps et les ressources les plus précieuses de la vraie marine? Pendant trois ans de grandes opérations dans la mer Noire et dans la Baltique, n'avons-nous pas vu la marine russe condamnée à l'impuissance ou réduite à se couler bas, pendant que les prodigieuses flottes de l'Angleterre et de la France ne pouvaient que louvoyer en attendant la construction et la réunion de bâtiments spéciaux, que l'on regardait comme indispensables, et sur la nature desquels personne n'était décidé? Ces faits ne démontrent-ils pas que les plus grandes puissances de la terre ne possèdent pas encore le véritable armement maritime?

Ainsi, composé de masses volumineuses, compliquées et difficiles, qui nécessitent tant d'hommes, de chevaux, de matières et de moyens mécaniques, le matériel d'armement ne force-t-il pas de dépenser des sommes énormes d'argent et de travail pour couvrir le territoire des États de fortifications, de bâtiments militaires, et surtout de vastes arsenaux, avec des ateliers permanents de fabrication et des magasins d'énormes approvisionnements?... Quand on pense à la quantité de peines, de sciences, d'industries, d'éléments matériels de finances et d'organisations, que les grandes puissances militaires et maritimes ont dû entasser pendant des siècles pour constituer toutes ces choses, on en reste vraiment effrayé.... Et cependant, qu'arrive-t-il le plus souvent? C'est que tout cela se dégrade inutilement, pendant les années de longue paix et se montre presque toujours impuissant, quand surgit la crise de la grande guerre.

V.

Ces quelques indications sur les vices principaux de l'armement actuel démontrent donc que ce système général forme une masse confuse et difficile, qui encombre d'obstacles le territoire des États, gêne et opprime les populations, enlève une foule de ressources en hommes choisis, animaux, éléments matériels et finances, à l'agriculture, au commerce et à l'industrie, attaque ainsi dans sa sève la force vive des États, sans cependant se trouver jamais à la hauteur des besoins des nations, grandes ou petites, pour défendre avec énergie toute l'étendue de leurs droits.

Ce sont là des raisons plus que suffisantes, pour démontrer la nécessité de changer complétement le système d'armement général et d'en établir un nouveau, qui soit plus étendu et plus simple dans sa composition, sa construction et son service, qui possède une puissance d'effet très-supérieure et qui laisse au travail pacifique et fécond des nations beaucoup plus de liberté et de ressources.

La question d'un pareil changement est quelque chose de considérable par son étendue, sa complication et son importance ; c'est une solution d'autant plus difficile à établir que jamais l'armement général, malgré la multitude de travaux et d'institutions compliqués dont il a toujours été l'objet, n'a été ni classé ni considéré dans son ensemble avec l'esprit de généralité, d'unité, d'ordre et de capacité, qu'il doit comporter pour tous les services de la guerre sur terre et sur mer.

Il faut un nouvel ordre de choses ; il doit être appuyé, non-seulement sur les faits anciens et qui sont le produit d'expériences séculaires, mais surtout sur un ensemble de principes et de faits nouveaux, qui serviront de base à un nombre considérable d'inventions toutes nouvelles.

Comme point de départ, et pour donner une idée de l'étendue avec laquelle j'entends traiter cette vaste question

j'établirai, dès à présent, que je partage la masse de l'armement général en six grandes parties, savoir :

1° Nouveaux éléments et nouvelles forces mécaniques;
2° Nouveau système d'équipement pour s'installer, marcher et combattre;
3° Nouveau système d'armement pour les troupes;
4° Nouveau système d'artillerie de terre et de mer;
5° Nouveau système de fortification et de batteries;
6° Nouveau système de flottes militaires.

Tout se liant d'une manière intime dans l'état militaire des
nations, on peut dire que le nouveau système général n'existera, dans ses conditions d'unité et de perfection, qu'autant
que les changements de principes et d'éléments constitutifs
seront appliqués à chacune des parties de ces six grandes
classifications.

Cependant, comme des changements complets et radicaux
dans une masse aussi vaste, aussi compliquée et aussi dispendieuse que l'armement général, sont une œuvre tellement
difficile, qu'il paraît impossible de la faire accepter d'emblée
par les nations et par les armées les plus fortement constituées en établissements, en science et en matériel, il était nécessaire d'avoir les moyens d'appliquer à l'armement actuel
la quantité de principes nouveaux et d'inventions nouvelles
que l'on jugerait convenables, de manière à pouvoir toujours,
avec plus ou moins de peines et de dépenses, obtenir des
progrès réels.

J'ai dû déterminer ces différents degrés d'application ; ils
procureront des systèmes intermédiaires d'armement général, que l'on peut établir en partant de deux points de vue
différents, savoir : 1° les principes et les faits du nouveau système général étant connus et adoptés, utiliser, pour l'établissement de ce système nouveau, le plus possible des parties
existantes du matériel actuel ; 2° la masse du matériel actuel

étant conservée, y appliquer le plus possible de principes et d'inventions du nouveau système.

Cette faculté d'application a une grande importance ; car elle permet, avec moins de temps, de peines et de dépenses, de perfectionner beaucoup l'armement actuel des armées, et cela au milieu même des opérations actives de la guerre. C'est ce que l'on eût pu faire, en 1856, dans la mer Noire et dans la Baltique, si la lutte eût continué.

Quoi qu'il en soit du degré d'application du nouveau système d'armement, il serait vain de prétendre le faire adopter de prime-abord. Ce sont seulement les discussions et les expériences qui pourront amener un résultat définitif, après de longues et vives luttes contre la masse de faits anciens et de positions prises. Les peines et les retards sont inévitables ; il faut savoir s'y résigner.

VI.

Et à ce propos, il faut bien le comprendre : une révolution, quelque radicale et quelque profonde qu'elle soit dans le système général d'armement et, par suite, dans l'ensemble de l'état militaire sur terre et sur mer, une pareille révolution ne peut avoir de corps, de solidité et de stabilité qu'autant qu'elle s'appuiera sur des éléments préexistants et fonctionnant dans des conditions naturelles de permanence. Autrement, ces nouveaux principes et ces nouvelles inventions ne seraient que le couronnement d'un édifice imaginaire ou précaire.

Un système d'armement général, quand il est bien supérieur, augmente dans une proportion énorme la puissance militaire des États ; mais au fond, ce n'est que la partie matérielle et inerte, qui n'a de valeur pour l'action qu'autant que l'autre partie, qui est l'âme et le ressort de l'état militaire, c'est-à-dire les hommes ou plutôt les populations dans leur état

2.

organique de travail, ont une valeur propre qui les met en
position de créer, entretenir et mettre en jeu cet armement
général.

De là résulte que les peuples les plus avancés en civilisation, en organisation et en force militaires, comme les peuples
d'Europe, sont plus à même que tous les autres de profiter
des avantages considérables que présentera le nouveau système d'armement général.

Mais ces peuples possèdent déjà des immeubles et des mobiliers militaires qui résultent de l'entassement de travaux
séculaires, et dont la valeur actuelle représente une somme
de 30 milliards de francs ; tout cela ne peut être détruit et
doit être au contraire utilisé, en modifiant d'une manière
aussi simple que possible toutes les parties qui doivent se
prêter aux nouveaux principes.

Il y aura évidemment dans cette masse un triage considérable à faire : une foule de choses devront être supprimées
comme inutiles, et leur valeur brute ainsi que leurs frais
d'entretien seront une économie toute faite ; il est d'autres
parties, au contraire, qui devront être modifiées, perfectionnées et étendues ; d'autres devront être créées à neuf.
Ce sera des peines et des dépenses, mais tout sera compensé
par l'économie d'entretien et par le progrès que le nouvel
armement amènera dans la puissance militaire.

Quant aux états dépourvus actuellement d'un matériel
d'armement convenable, comme sont les peuples d'Afrique,
d'Asie et d'Amérique, qui occupent les neuf dixièmes de la
terre, ce sera toujours une chose extrêmement difficile, longue
et dispendieuse que de les doter de l'armement nécessaire ;
mais au moins auront-ils l'immense avantage de débuter
par un système simple, économique et perfectionné qui, du
premier coup, leur assurera des avantages infiniment supérieurs à ceux que leur donneraient les masses exagérées du
système actuel. Ces peuples gagneront donc un temps et des
économies considérables, pour se mettre à la hauteur des organisations militaires des vieilles et fortes puissances, qui tra-

vaillent incessamment depuis des siècles à s'armer d'après des principes qui vont disparaître.

On peut même dire une chose : c'est qu'au bout de quelque temps et de quelques efforts, les peuples, dépourvus aujourd'hui, pourront en arriver à posséder un ensemble d'armement plus simple, plus rationnel et plus perfectionné que celui des fortes et avancées puissances militaires, telles que la France ; car l'ensemble de cet armement sera créé en masse, d'après les nouveaux principes et d'après les règles perfectionnées, tandis que l'armement des puissances fortement pourvues de matériel aujourd'hui ne sera qu'un mélange, un compromis, entre la masse confuse des objets actuels et les modifications qu'apporteront les institutions nouvelles.

Ainsi, la révolution annoncée dans le système général d'armement amènera cette conséquence remarquable de faire gagner plus, en proportion, les peuples privés de tout aujourd'hui que les peuples regorgeant de matériel ; elle tendra donc à réduire une inégalité choquante et, on doit le dire, déplorable, qui fait des trois quarts de l'humanité un troupeau impuissant devant quelques européens bien armés, comme furent les Mexicains devant les fusils et les canons de Fernand Cortèz, les Indiens et les Chinois devant quelques bateaux à vapeur des Anglais.

Le nouveau système d'armement général sera donc un grand instrument d'égalité et de dignité pour tous les peuples de la terre, en faisant intervenir beaucoup plus la valeur individuelle de l'homme dans des conditions presque identiques ; puis il mettra chaque État en position de s'armer assez facilement et assez puissamment pour résister à ces conquérants ou à ces marchands despotes, qui viennent avec une bande militaire bien armée pour opprimer les masses de populations, leur dicter des lois, se distribuer leur territoire, s'emparer de leurs richesses, détruire leur Gouvernement, et les enchaîner au char du progrès, dit-on, tandis qu'on ne fait trop souvent que les asservir et les exploiter, en froissant tous les instincts et négligeant tous les besoins.

Quoi qu'il en soit du degré d'avancement ou de barbarie du peuple que l'on considère, on ne peut que dire : Heureuse la grande puissance qui saura la première entrer franchement dans la voie nouvelle ; car, tout en s'assurant un armement d'une puissance extrêmement supérieure, elle pourra économiser dans une proportion considérable des ressources de toute sorte, lesquelles, étant consacrées désormais aux travaux actifs de la paix, amèneront un accroissement considérable de prospérité pour l'ensemble de l'État.

CHAPITRE II.

NOUVEAUX PRINCIPES ET INFLUENCE GÉNÉRALE.

————

I.

Parler de nouveaux principes constitutifs pour l'armement général de terre et de mer, c'est-à-dire pour cet ensemble prodigieux d'éléments de toute sorte que les efforts séculaires des plus grands militaires, des plus grands génies scientifiques et des plus grands industriels, ont amené au point où nous le voyons aujourd'hui ; vraiment, cela peut paraître une prétention assez extraordinaire. Cependant rien n'est plus vrai et rien n'est plus nécessaire que cette adoption de nouveaux principes ; car l'armement actuel a été tellement étudié, poussé, classé et perfectionné, en se tenant dans ses principes d'autrefois, qu'il n'y a plus moyen d'en tirer de grands changements ; il faut donc, si la nécessité est reconnue pour cet armement général d'entrer dans une voie nouvelle, il faut absolument qu'il cherche des principes nouveaux.

Du reste, à ceux qui s'étonneraient trop fort de cette révolution, ne doit-on pas leur rappeler que presque tout a changé dans l'ensemble des institutions et des relations humaines, et que les progrès extraordinaires que l'on a réalisés et que l'on réalise tous les jours, notamment dans les sciences et dans les industries, transforment et étendent presque toutes les organisations, en les lançant dans des voies nouvelles? l'armement général aurait-il la prétention, par hasard, de rester stable et immuable au milieu de ce mouvement général de transformation? ce n'est pas possible; car cet armement, étant la réunion la plus complète peut-être de tous les éléments scientifiques et industriels, doit marcher avec eux, sous peine de rester à l'état de masse inerte qui encombre, paralyse ou écrase.

Vraiment, quand on voit, chaque jour, ces créations de substances et de combinaisons, que la chimie, la physique, la mécanique et l'industrie de plus en plus puissantes trouvent et mettent en jeu ; quand on voit l'énergie avec laquelle les forces de l'homme, augmentées par les milliers d'instruments nouveaux et par les applications multipliées de la vapeur, des gaz, de l'électricité, domptent et façonnent tous les obstacles matériels, transforment les installations, élèvent les monuments du travail le plus gigantesque et transportent avec rapidité et de tous côtés, sur les continents et sur les mers, des masses considérables d'hommes, d'animaux et d'objets de toute sorte; vraiment, en présence de ce spectacle grandiose de création et de transformation matérielles, on peut dire, en toute assurance et par le seul fait de la raison et de la logique, que l'armement général doit se transformer aussi.

Mais la logique ne suffit pas pour légitimer une pareille révolution; il faut démontrer aussi qu'elle résulte forcément des faits spéciaux et relatifs à l'armement général d'aujourd'hui, dont les inconvénients et les dangers se manifestent d'une manière tellement saisissante et tellement forte qu'il faut absolument chercher un remède.

Et cette démonstration se présente d'elle-même par l'étude des faits principaux de cette grande guerre d'Orient, dans laquelle ont été engagées les puissances du monde les plus avancées en armement général et qui toutes ont dû s'arrêter effrayées sur la pente de ruine où les entraînait la mise en jeu d'un pareil armement.

II.

Appuyons donc sur les faits principaux de la dernière guerre ; car cette question d'une révolution dans le système d'armement général est tellement capitale pour tous les Etats, qu'il faut mettre fortement en évidence les inconvénients de l'armement actuel, afin d'attirer l'attention des militaires, des administrateurs, des gouvernements et des masses, afin aussi de les amener à réfléchir sur la nécessité impérieuse des changements que j'annonce.

En insistant ainsi sur ces défauts, je dois le dire hautement : mon but est trop élevé pour que je cède jamais à la misérable préoccupation de ne chercher qu'à critiquer les gouvernements, les personnes et les opérations ; je sais trop tenir compte des circonstances, des habitudes, de la confiance exclusive dans les faits acquis et enseignés. Mais mon but est trop élevé aussi, pour me laisser séduire par un excès d'éclat ou par des considérations secondaires. Je regarde donc comme un devoir de ne pas manquer de signaler les faits et les fautes, qui doivent servir d'enseignements pour préparer les réformes indispensables et qu'un déplorable aveuglement pourrait seul faire rejeter.

Sans doute le monde a rarement vu un effort militaire plus grandiose que celui des Français, des Russes, des Anglais, des Turcs et des Piémontais dans la lutte qui vient de finir. la valeur soignée des masses armées, étant jointe aux progrès réalisés d'autre part dans les moyens de communication par les chemins de fer et par la navigation à vapeur, il en est résulté, dans le système général de la guerre, de nouveaux éléments qui ont déjà manifesté leur grande importance. Mais comment l'armement général s'est-il trouvé lié à cet ensemble général ? Mal, il faut le dire. De tous côtés et dans plus ou moins de spécialités, il s'est trouvé confus, incomplet, impuissant, tâtonnant et réduit en définitive à chercher le triomphe dans l'écrasement par la masse d'hommes et de moyens matériels et financiers, plutôt que dans l'ensemble habile et combiné de moyens régulièrement appropriés.

Chez les Russes, par exemple, quelle absence étonnante d'armement convenable : soit pour les opérations sur le Danube, et notamment dans l'attaque de Silistrie ; soit pour les côtes de la mer Noire et de la Baltique, où les villes peuvent être foudroyées impunément par les obusiers à longue portée des flottes alliées ; soit pour le matériel maritime, qui se trouve impuissant à tenter quoi que ce soit en fait de résistance, même dans la mer d'Azoff ; soit pour les voies de transport et pour le grand équipement, d'où résulte que les troupes se ruinent dans les fatigues et la misère ; soit enfin pour les fortifications qui manquent complétement dans le Sud de Sébastopol, de sorte que si les alliés eussent procédé avec un peu plus d'audace, en même temps que si la Russie n'eût eu l'heureuse chance de trouver disponible le formidable armement de sa flotte et de rencontrer un officier de premier ordre pour créer sur place tout ce qui manquait, Sébastopol, le grand boulevard de la domination russe dans la mer Noire, se trouvait enlevé en quelques heures, comme le monde entier le crut pendant plusieurs jours, avec cet instinct des masses qui saisit exactement la condition générale des choses.

Quant aux armées alliées, tout le monde n'a-t-il pas présentes à la mémoire ces difficultés imprévues d'installations auxquelles il fallait remédier à la hâte par des envois de toutes espèces de moyens, faute d'équipement organique ? Toutes les armées ont plus ou moins souffert de cet état de choses ; mais les Anglais par-dessus tous en ont été frappés. Au point de vue des moyens d'armement maritime, n'a-t-on pas vu les flottes formidables et souveraines de la Baltique et de la mer Noire se reconnaître impuissantes devant les places armées et se

réduire à quelques opérations assez insignifiantes, en attendant, pendant près de trois ans, l'arrivée de bâtiments nouveaux dans leur spécialité pour attaquer Cronstadt, les forts
maritimes de Sébastopol et même les petites fortifications de
Kinburn ? Enfin, au point de vue de la grande et unique action du siége de Sébastopol, quoi de plus extraordinaire que
cette absence de moyens d'armement, qui fait tâtonner les armées alliées en présence d'une position non fortifiée et qui
amène ce résultat extraordinaire qu'à l'ouverture du feu les
travaux et les batteries de l'attaque sont non-seulement vain-
cus, mais la plupart écrasés par le feu et par les travaux supérieurs que la défense a organisés sur des terrains nus? De là
résulte que des armées et des flottes énormes se trouvent
arrêtées, accrochées pendant près d'un an sur un coin de rocher, luttant jour par jour, nuit par nuit, heure par heure,
seconde par seconde, tout en construisant des travaux gigantesques, où l'on entasse tout ce que l'on peut appeler, trouver et imaginer en fait d'armement. Les armées réunies contre le Sud de Sébastopol en viennent à avoir plus de 3000
bouches à feu, sans compter l'artillerie des flottes; et tout cela
agit sans amener de grands résultats, au point qu'on finit par
mettre son dernier espoir dans l'écrasement que doit procurer le bombardement continu de 600 mortiers, ou dans l'effort
désespéré d'un formidable assaut, lequel, refoulé de quatre
côtés, est assez heureux pour que son audacieuse énergie
triomphe sur le seul point de Malakoff.

Si cet héroïque assaut de Sébastopol n'eût pas réussi, que
fussent devenues les armées alliées, avec leur prodigieux
entassement de matériel d'armement, en présence de ces
forces russes, qui purent faire une si belle retraite et se maintenir inabordables pendant six mois en face de leurs vain-
queurs?

Et c'est cependant pour ces opérations de guerre si im-
parfaites, si limitées et si accidentelles, que les puissances
engagées ont sacrifié plus de 500,000 hommes, employé
plus de 9,000 bouches à feu et consommé des millions de

munitions, absorbé plus de 3,000 bâtiments maritimes, entravé toutes les relations commerciales, dépensé près de cinq milliards de francs et mis le désordre, en même temps que de grandes et longues souffrances, dans l'intérieur des États?

Et, il faut bien le dire, on s'est arrêté à temps dans cette guerre; car d'un côté, les préparatifs que faisaient les puissances engagées prenaient des proportions qui eussent fait bientôt doubler les dépenses précédentes; et, d'un autre côté, de nombreux États, notamment l'Autriche qui avait déjà cinq cent mille hommes sur pied, se préparaient, avec plus ou moins d'ardeur, à entrer dans la lutte qui eut pris alors des proportions colossales et désastreuses pour les finances et l'industrie du monde.

Quels immenses bienfaits pour toutes les nations, si l'on eût consacré aux travaux féconds de la paix les efforts et les ressources que l'on a ainsi sacrifiés? Quelles profondes réflexions ne doit-on pas faire sur les exigences monstrueuses de ces opérations militaires, si médiocres dans leur travail effectif sur quelques coins de rocher? et quel devoir impérieux, pour les hommes dévoués au bien de leur pays et à celui de l'humanité, de rechercher s'il n'y a pas réellement moyen d'obtenir ces résultats militaires avec plus de combinaison, de rapidité et d'énergie, tout en dépensant infiniment moins d'hommes, de ressources industrielles et financières.

Évidemment ces moyens existent; mais, pour les comprendre, il faut absolument sortir de la voie fausse et routinière où l'on est, avec la masse énorme et grossière d'un armement impuissant, pour entrer franchement dans la voie révolutionnaire d'un armement plus complet, plus simple et plus puissant.

III.

Dans ce chapitre des considérations générales, je viens signaler largement les nouveaux principes et les nouveaux aperçus qui doivent constituer la base de l'ensemble et de chaque grande spécialité de l'armement général. Je le ferai comme il suit :

L'homme, individu, doit toujours être considéré comme le point de départ, l'élément organique, la base de tout système d'armement général. Il est donc urgent de donner à cet élément la plus grande capacité d'action , non-seulement en exaltant ses facultés morales et physiques mais encore en mettant à sa disposition permanente tous les éléments matériels les plus perfectionnés, pour assurer et développer son action, dans toutes les circonstances d'opération : installation, marche et combat. A cet effet, chaque homme aura, en outre de ses habillements et équipements perfectionnés et simplifiés, une arme simple, qui possédera la plus grande portée et l a plus grande force que l'on pourra réaliser ; puis, un appareil pour la conservation de ses effets et provisions, pour l'assiette, les abris, les constructions et la navigation, dans toutes les circonstances de la guerre.

Le matériel d'armement a une importance considérable ; mais sa masse et sa complication exagérée ont des conséquences désastreuses à tous les points de vue ; car ces masses encombrent et ruinent, dans des travaux inutiles, les États et les armées ; car elles amènent la multiplicité de corps spéciaux, qui sont retardataires et envahisseurs, s'isolent de plus en plus dans leur spécialité, absorbent des quantités trop fortes d'hommes et d'animaux dont les trois quarts sont employés à des travaux intermédiaires, monopolisent tous moyens pour agir dans une foule de circonstances, font ainsi que les troupes deviennent de plus en plus impuissantes et ignorantes, en présence des nécessités d'action contre certains obstacles ; et alors ces troupes sont ruinées, ou perdent un temps précieux dans les installations et dans l'action, ou renoncent à une foule d'opérations. Réduire le plus possible la masse et l'importance des services spéciaux, en étendant beaucoup la faculté d'opération des corps de troupes, c'est la voie du plus grand progrès.

Les premiers principes, pour réduire et simplifier les masses matérielles de l'armement mobilier de terre et de mer sont les suivants : 1° n'avoir que des formes simples et concentrées, régulières et à courbes adoucies ; 2° appliquer d'une manière absolue le principe de pénétration des milieux solides, liquides ou gazeux, par des pointes tournantes ; 3° introduire partout des ressorts, ou substances élastiques, qui amortissent les chocs trop brusques, adoucissent toutes les réactions ; 4° établir pour toutes les armes de jet, sauf certains mortiers courts, le chargement par la culasse ; 5° supprimer une foule d'objets et de services inutiles ou trop secondaires ; 6° réduire toute espèce de parties séparées de l'armement au plus petit nombre possible d'éléments, et n'admettre qu'un modèle d'élément pour tous les services, tels que la marine, les artilleries, le génie, les équipages, les corps de troupes, qui peuvent avoir à mettre en jeu le matériel pour des actions semblables ; 7° se ménager la faculté de pouvoir, dans une pièce quelconque de l'armement, changer, combiner, suppléer certaines parties, en raison des circonstances majeures ; dès lors, faire que le rôle d'un élément soit indépendant, dans de certaines limites, de sa force et de la nature de sa substance composante.

Au point de vue du matériel que l'on peut appeler immobilier, tel que les fortifications, retranchements, batteries, arsenaux, magasins et casernes, etc., les grands principes sont les suivants : 1° réduire toute cette masse encombrante et ruineuse dans son inertie au plus strict nécessaire ; 2° loin de la négliger, la rendre plus étendue et plus puissante dans son action : mais alors, au lieu de la fixer sur le sol avec son étendue et sa masse permanente, tendre à la rendre de plus en plus mobile et variable, pour l'appliquer, au moment voulu, dans les conditions et les positions que l'on jugera les plus avantageuses ; 3° puiser la grande force de cette partie considérable de l'armement, dans l'installation et le travail organique des populations et surtout dans les conditions du territoire, en prenant pour règle, moins de violenter, gêner et paralyser ces éléments naturels, que d'en apprécier et d'en activer la valeur pour les faire concourir à l'action générale; 4° ne faire d'établissements permanents que dans les points du territoire qui sont appelés à devenir les grands centres d'opérations générales; y réunir la faculté de création, de combinaison et de conservation, pour tous les éléments organiques de l'armement; 5° dans l'établissement de chaque centre d'occupation, s'en tenir aux constructions permanentes des carcasses ou grandes arêtes, qui serviront de tronc et d'appuis aux développements des services à venir; 6° même pour ces parties permanentes, s'efforcer de leur ôter l'inertie, en temps de paix comme en temps de guerre, en les disposant de manière à rendre de grands services pour les travaux et les besoins ordinaires des populations; 7° en résumé, composer l'armement immobilier, au moyen d'études exactes, de projets rédigés, d'éléments préparés et d'appuis assurés, de manière à développer le tout avec rapidité et en raison des circonstances.

Le caractère essentiel du nouvel armement général est l'activité, reposant sur la liberté et sur la puissance de l'individu, puis sur la mobilité essentielle de tous les éléments matériels. Alors les voies de communication étendues et perfectionnées deviennent l'instrument le plus efficace de l'armement général. Et je pousse même l'importance de ces nouveaux principes jusqu'à transformer les masses inertes des fortifications des plus grandes places en routes permanentes, couvertes et découvertes, qui se prêteront à tous les services de la paix et de la guerre.

Un principe capital et entièrement nouveau que j'indiquerai encore, c'est d'établir, entre tous les éléments de l'armement général, tant de terre que de mer, une suite de rapports et de liaisons qui assurent l'unité générale entre tous les services. Alors, non-seulement on parviendra a établir un ordre et une simplification considérable, mais encore on comblera les lacunes qui existent dans l'ensemble militaire; et l'on fera que la constitution organique des territoires, des armées et des flottes, se prêtera à une action continue et efficace, quelles que soient les circonstances d'opération dans lesquelles on se trouve engagé.

Ainsi, j'établirai ce nouveau principe que les armées et les flottes doivent être pourvues les unes et les autres d'une nouvelle partie d'armement général, que j'appelle *omnivase*, dont l'importance est capitale et qui cependant leur manque complétement aujourd'hui, pour se rattacher les unes aux autres. Or, de l'absence de ce lien résulte que les plus grandes entreprises sont toujours extrêmement difficiles, souvent compromises ou reconnues impossibles, quand il s'agit d'étendre et de combiner les opérations d'armées et de flottes, en présence de masses d'eau et de fleuves, en présence surtout de côtes hérissées d'obstacles.

Cette innovation que j'introduis dans l'armement général amènera un service de matériel spécial, dont tous les éléments extrêmement simples et portatifs seront répandus dans l'ensemble militaire, depuis le simple soldat de chaque bataillon jusqu'au vaisseau du plus haut bord ; et les éléments de ce matériel seront ajustés et désajustés sur place, pour former diverses sortes de bâtiments et de constructions, en raison des circonstances.

Cet aperçu sur les nouveaux principes généraux de l'armement général démontre que l'idée dominante se résume comme il suit : remplacer les masses volumineuses et lourdes, mal étudiées dans leurs principes constituants, raides et inertes dans leur position, incomplètes dans leur organisation et faibles dans leur action, remplacer ces masses grossières par un système d'armement plus complet et plus efficace, qui n'emploie que de petites masses, simples, élas-tiques et perfectionnées dans leur construction, se prêtant avec facilité à toutes les conditions de mobilité et de combinaisons, pour fournir sur place des instruments d'une puissance formidable dans toutes les opérations, quelle qu'en soit la nature ; et cet armement, loin d'amener un encombrement inerte, contribuera au contraire, à donner à toutes les

parties, comme aux armées et aux flottes, la liberté, la mobilité et la puissance complètes d'opération.

Voyons comment de ces principes généraux, pour l'ensemble de l'armement, découle toute une série de nouveaux
principes pour chaque grande spécialité constituante.

IV.

Au point de vue des forces motrices et des éléments matériels, qui doivent entrer dans l'ensemble de l'armement général, les nouveaux principes que je dois établir sont ceux-ci :
n'avoir rien d'absolu et rien d'exclusif ; se tenir toujours prêt
à employer pour l'armement les meilleurs éléments, forces
ou substances, que la nature, la science et l'industrie met-
tront sous la main ; poser les règles de construction et d'action les plus simples pour ces divers éléments, de manière
que, sous la conduite des officiers ou ingénieurs, tout puisse
être établi facilement ; n'avoir d'approvisionnements que
pour les parties les plus indispensables, les plus compliquées
et les plus difficiles à trouver dans l'ensemble des localités
où l'on doit agir ; s'approprier incessamment toutes les ressources locales.

Ces principes sont essentiels, pour toutes les parties de
l'armement général. Ainsi : que les armes de jet, qui en forment la base, ne soient plus enfermées dans cette carrière
étroite, où les maintient l'unique force motrice, développée
par l'explosion d'une poudre pleine d'inconvénients dans sa
composition, sa conservation et son service, par l'hygro-
métrie, la saleté et la fumée qu'elle amène.

Pourquoi se borner à cet agent ? Est-ce que la nature n'offre pas une foule d'autres forces et d'autres éléments que
l'on peut utiliser, et de bien des manières, pour une bonne
action de guerre dans une foule de circonstances ? Est-ce que
pendant plus de trente siècles, les armées qui ont agi dans
toutes les parties du monde et contre les plus grands obstacles

3

et surtout celles de Rome, qui portèrent si haut les faits de
bataille, de conquête et de travail, est-ce que ces armées,
n'avaient pas un système d'armement basé sur des principes
et sur des moyens tout à fait différents de ceux de l'armement
actuel à poudre? Est-ce que plus du tiers encore de l'humanité ne conserve pas ce système de l'armement antique, qui
repose sur les forces motrices de l'élasticité et de la pesanteur? Sans doute ces moyens d'action sont inférieurs, sous
beaucoup de rapports, à ceux de l'armement à poudre; mais
ne présentent-ils pas des avantages spéciaux, pour beaucoup
de circonstances. Dans tous les cas, ils peuvent être d'une
immense utilité là où manque l'armement à poudre; d'autant
plus que les progrès modernes des sciences et de l'industrie
permettent de créer tout un nouveau système d'armes basé
sur l'élasticité et la pesanteur; et ces armes, seront bien supérieures à celles que l'antiquité avait employées.

Ainsi, au point de vue de l'élasticité seulement, dans ces
derniers temps, l'industrie ne s'est-elle pas enrichie d'une
foule de substances nouvelles et possédant les qualités les
plus précieuses pour se prêter à une foule d'usages? Il faut
que l'armement général fasse des emprunts considérables à
ces nouvelles substances, qui ont pour agents principaux les
gommes naturelles ou artificielles.

Mais, en outre de ce système d'armement antique, est-ce
que le progrès moderne n'a pas démontré la puissance pro-
jetante des vapeurs, des gaz liquéfiés, de l'électricité, etc , et
ne serait-il pas déplorable de ne pas savoir utiliser ces forces
motrices, que l'industrie emploie si grandement, pour développer les ressources de l'action militaire? Enfin, si l'on tient
à conserver le système d'armement à poudre, qui sûrement
résume en lui la plus grande somme d'avantages, est-ce qu'on
doit se borner à cette poudre noire, mélange de charbon, de
salpêtre et de soufre, qui est sujette à toute sorte d'inconvénients? Est-ce que la chimie et l'industrie n'offrent pas d'autres poudres plus simples et souvent plus énergiques? le pyroxile, par exemple, bien employé et bien manipulé pour les

divers services, offre, à tous les points de vue, des avantages d'une supériorité considérable : éléments de composition que la nature fournit en tous lieux ; conservation parfaite et explosion même dans l'eau ; action énergique et sans fumée; enfin, réduction de plus de deux tiers du poids, par rapport à la poudre ordinaire.

L'armement, on le voit, doit et peut sortir de cette carrière resserrée où l'enferme l'esprit borné de système et de routine, qui finit par faire perdre de vue les faits les plus essentiels et par annuler les forces et les ardeurs les plus puissantes. Que de fois n'est-il pas arrivé que des armées ont été paralysées, des places conquises et des contrées soumises, parce que la poudre noire a manqué par épuisement, explosion, avarie, défaut d'arrivages ; ou même aussi parce que des boulets se sont trouvés trop gros de quelques millimètres pour bien entrer dans les bouches à feu, etc. ? Tout cela n'est-il pas déplorable, ridicule, honteux ; et les peuples peuvent-ils se trouver ainsi à la disposition absolue de quelques ingrédients ou de quelque irrégularité de dimensions dans des morceaux de bois ou de fer ?

Que l'armement, tout en s'attachant principalement à la force motrice qui convient le mieux à la circonstance spéciale où il se trouve engagé, s'élance en pleine carrière, avec le large principe d'utiliser à son profit toutes les forces et tous les éléments de la nature et de l'industrie ; alors les individus, comme les armées et comme les nations, auront acquis une foule de moyens nouveaux et puissants, qui développeront grandement leur faculté militaire, ne les laisseront jamais au dépourvu, au milieu des opérations, et leur permettront de défendre jusqu'à la dernière extrémité leur territoire et leur dignité.

V.

En étudiant l'organisation et la conduite des armées, on s'étonne de voir combien elles sont dépourvues d'équipement

3.

convenable, pour s'installer d'une manière solide et saine, conserver leurs provisions, cheminer partout ; puis pour combattre dans toutes les positions, en se créant des appuis et des abris. C'est à peine si, dans quelques circonstances accidentelles, les troupes reçoivent à cet égard le secours lent, borné et précaire, que viennent leur apporter, au moyen d'opérations et de matériels lourds et compliqués, des corps de services spéciaux. Mais, le plus souvent, la masse des troupes se trouve mal installée, mal appuyée dans l'action, retardée ou empêchée dans ses marches, paralysée complétement devant certains obstacles ; et cela faute d'un matériel propre pour surmonter les difficultés. Des pertes énormes d'hommes et de temps en sont la conséquence.

Le principe entièrement nouveau que je pose, c'est d'établir dans les armées un système d'équipement général, qui mette tous les éléments de cette armée, depuis le soldat individuellement jusqu'aux corps de troupes les plus étendus et jusqu'au service le plus compliqué, à même de satisfaire à toutes les exigences d'équipement, d'installation, d'approvisionnement, de marche et de combat, au moyen d'un seul appareil, qui sera le même pour tout le monde et qui circulera dans les positions et dans les services les plus divers de l'armée.

Ainsi : que les armées soient pourvues, comme équipement général, d'un nouvel appareil que j'appelle *omnivase* : léger, solide, imperméable, variable de volume et ajustable, cet appareil servira de havre-sac pour chaque soldat, de siége dans les terrains boueux ou inondés, de coffre pour les denrées, de vase pour les liquides, de cellule pour les constructions même avec des terrains sablonneux ou boueux, même dans les masses d'eau telles que lacs, inondations, rivières, côtes. Les omnivases, étant assujettis entre eux, suivant certaines règles, formeront les éléments pour les assiettes de camps ou de postes, pour les tranchées, les routes, les retranchements, les comblements de fossés, les rampes d'escalade, les embarcations de bateaux ou de radeaux, les batteries fixes ou flottantes.

Que ce système de l'omnivase, porté par chaque homme et alimenté par des parcs de réserve, forme la base du matériel pour les approvisionnements du campement, des vivres, des munitions et des constructions, pour l'ensemble des services de l'intendance, de l'artillerie, du génie et des équipages hydrauliques, l'armement général aura réalisé une nouvelle acquisition d'une importance capitale.

On voit, en effet, quelles sont les conséquences avantageuses de ces nouvelles choses : les armées peuvent s'installer partout et dans de bonnes conditions hygiéniques, même sur les terrains marécageux ou couverts de flaques d'eau, qui leur sont aujourd'hui impraticables ou mortels ; elles peuvent cheminer partout, en appliquant leurs éléments portatifs de voies générales ; elles peuvent aussi construire et se retrancher partout ; enfin, elles portent avec elles les éléments d'une flotille qui peut les transporter et les faire agir efficacement sur les fleuves, les lacs et les côtes.

De ce nouvel état de choses, comparé à ce qui existe aujourd'hui, ne résulte-t-il pas que les individus comme les masses des armées seront moins soumis à ces vices d'installation et d'approvisionnement qui ruinent la santé et détruisent les existences ; ne seront plus arrêtés si longtemps impuissants et souffrants devant tant d'obstacles matériels ; auront acquis une étendue et une capacité d'action dans une foule de nouvelles et graves circonstances ?

VI.

La base d'un bon système d'armement consiste surtout dans la valeur de l'arme que l'on met dans la main de l'homme, cette force complète, intelligente et matérielle, qui doit agir comme l'élément principal et souverain dans toutes les conditions de l'organisation militaire et des opérations.

Il n'y a pas une seule bonne raison qui puisse justifier une infériorité, ni même une inégalité de valeur, dans la dis-

tribution de cette arme élémentaire entre les corps de troupes. Ainsi, les principes et les moyens que l'on aura recon-
nus les meilleurs doivent être appliqués dans l'arme que l'on
mettra à la disposition de tous les hommes ; tant pis pour
ceux qui ne sauront pas trouver la simplicité pour pratiquer
les progrès. Les moyens existent, le tout est de savoir ou de
vouloir les appliquer. Ainsi, il est évident que le très-ingénieux
mais vicieux système des carabines à tige de nos chasseurs
de France ne saurait être appliqué à toute l'armée. Mais,
pourquoi ne pas obtenir les mêmes résultats par des moyens
plus simples et dont quelques-uns sont bien connus et bien
pratiqués? Ne serait-il pas fâcheux, en conservant le fusil ordinaire, de condamner les trois quarts de notre infanterie et
la masse de nos populations à n'employer que des armes
infiniment inférieures à celles que l'on pourrait avoir avec
facilité.

Du reste, la meilleure des armes de troupes actuellement
connue est pleine de vices, auxquels je remédie par l'application des principes suivants : que l'arme de troupes reconnue la meilleure, c'est-à-dire l'arme à feu avec sa baïon-
nette, soit mise facilement à la disposition de toutes les nations et de tous les individus ; que cette arme, si compliquée
aujourd'hui dans sa construction, devienne simple au point
de ne se composer que d'un grand ressort et de cinq grosses
pièces de fer ou de bois assez peu travaillées ; que ces armes
soient rayées, se chargent par la culasse, amortissent le recul, emploient des cartouches portant l'amorce fulminante ;
qu'elles aient une puissance de portée et de pénétration quatre fois plus grande que le fusil actuel ; qu'elles puissent,
outre les balles de plomb, employer celles de zinc ou de fer
ou de fonte de fer se forçant d'elles-mêmes dans les rainures ;
qu'elles puissent être servies, entretenues et fabriquées avec
facilité et rapidité.

Ne voit-on pas immédiatement les immenses avantages
qui découlent de ce nouveau système, que j'appellerai le
manarme? Simples, économiques et composées d'éléments

peu raffinés, ces nouvelles armes peuvent être fabriquées par toutes les nations, dans toutes les villes où il y a quelque industrie, rapidement, et au moment même où les besoins se manifestent : dès lors, plus de nécessité absolue de ces manufactures immenses et compliquées, de ces arsenaux où les armes entassées, avec leur multitude de rechanges, se dégradent. Simples de service et d'entretien, ces manarmes exigeront moins de temps pour assurer l'éducation du soldat; beaucoup plus puissantes dans leur portée et dans leur effet, elles étendront considérablement le rayon de l'action individuelle ; l'emploi de ces armes amènera par suite une réduction considérable dans le nombre des hommes appelés à produire un effet voulu sur un terrain donné.

De là il résultera que les armées devront être moins nombreuses ; et que les Gouvernements devront distraire moins longtemps les hommes de leurs travaux pacifiques, sous peine de tomber dans des abus de militarisme, qui ne sauraient durer car ils ne peuvent être que condamnables.

VII.

Évidemment les artilleries de terre et de mer exercent une influence énorme, par les hommes, les animaux, les établissements de fortifications et d'installations qu'elles nécessitent, par la masse des vaisseaux, et par la multitude des objets matériels qui encombrent et pèsent énormément.

L'artillerie en général est arriérée aujourd'hui par rapport aux armes de troupes ; elle se débat, elle cherche en tâtonnant à s'approprier quelques-uns des procédés nouveaux, comme par exemple l'emploi des projectiles coniques et tournants : mais elle n'a encore rien de bon, même sous ce rapport ; et d'ailleurs, ce n'est là qu'une très-faible partie de la grande question à résoudre.

Il faut une réduction radicale dans toutes les parties, dans toutes les masses, dans tous les services et dans tous les éta-

blissements de l'artillerie ; et cette réduction, qui doit avoir
lieu en même temps qu'un accroissement considérable de
puissance, ne peut être obtenue que par l'application de
principes entièrement nouveaux pour toutes les parties constituantes du matériel, notamment pour les pièces, les projectiles, les affûts, les voitures, les batteries, etc.

Voici comment j'indiquerai sommairement ces nouveaux
principes, qui constitueront cette partie d'armement, que j'appellerai *artillerie combinée*. Que les grosses armes de jet, soit
les artilleries à feu de terre et de mer, se décident enfin à
sortir de cet ensemble de complication, de lourdeur et de faiblesse d'action où elles se débattent toujours, pour recon-
quérir leur rapport d'équilibre avec les armes de troupes qui
commencent à se lancer dans la nouvelle carrière. Que ces
artilleries aient leurs pièces composées surtout de fer et d'a-
cier, rayées sans brisure, se chargeant par la culasse, amortissant le recul, tirant des projectiles qui se forcent d'eux-
mêmes et soient bien composés pour le mouvement, la pénétration et l'explosion ; que les pièces soient simples et légères ; que les affûts et les voitures soient aussi légers, avec l'indépendance des essieux et de roues, avec les éléments propres
à constituer les réactions élastiques ; que tous les éléments du
matériel soient faciles à construire, à servir, à conserver, à
transporter, à ajuster et à combiner partout.

Alors d'immenses avantages se présentent pour l'armement
des armées, des flottes et des territoires : les hommes et les
chevaux nécessaires pour le service se trouvent réduits de plus
de moitié ; les usines, magasins et casernes diminuent d'autant ; la rapidité, l'économie et l'énergie d'action se trouvent
grandement développées ; les espaces occupés pour le service dans les batteries se trouvent aussi réduits de plus de moitié, ce qui offre les plus grands avantages pour la défense des
places, pour les batteries de siége et pour les bâtiments de la
marine. Désormais, beaucoup moins d'hommes, de temps, de
moyens matériels, de travaux et de finances, seront consacrés
à la production et à la mise en jeu de ces établissements ; et

ces éléments d'armement, tout en ayant une puissance d'action triple ou quadruple de celle des artilleries actuelles, seront beaucoup moins soumis aux chances de destruction ; enfin, les vrais artilleurs devront trouver partout des moyens mécaniques et des substances pour suppléer ou compléter, dans le matériel, de manière à produire l'effet nécessaire.

Tous les États pourront donc se munir d'une bonne artillerie de terre et de mer, qui aujourd'hui, est le monopole de ceux qui sont en position de sacrifier beaucoup d'hommes, de chevaux et de moyens industriels. Cette artillerie puissante coûtera peu de sacrifices en matériel et en hommes ; de sorte que chaque État, couvert de petits emplacements armés d'une artillerie à très-longue portée, sera en mesure de résister à ceux qui auraient préparé contre lui de grands systèmes d'attaque.

Alors, la réduction des complications et des masses fera que les armées ne seront plus obligées d'employer tant d'hommes dans les parcs, les places, les convois, et sur les vaisseaux, à des services non-combattants. Enfin, la portée de l'artillerie, étendant à des limites énormes l'espace d'action, permettra et même obligera de réduire considérablement le nombre de ces éléments humains et matériels qui constituent l'ensemble des armées et des flottes, à moins de vouloir pousser à des abus de gaspillage et de despotisme militaire, qui seraient tôt ou tard punis par des catastrophes.

VIII.

Il est évident, qu'en dehors de toute autre considération, les retranchements doivent s'étendre et s'épaissir en raison de la masse et des difficultés de service des armes que l'on emploie, en raison surtout des accroissements de portée et de pénétration des projectiles.

De là résulte que, sous peine de tomber dans des exagérations funestes il faut renoncer, en présence des nouvelle armes, à occuper le sol par ces masses permanentes de murailles, bastions, tenailles, demi-lunes, contre-gardes, cavaliers, fossés, parapets, chemins couverts, etc., qui forment un enchevêtrement d'obstacles contournés dans tous les sens, et au travers desquels aucune activité d'action ne peut circuler.

La révolution doit être radicale dans le système général des fortifications, au point de vue de l'installation sur les territoires, de la disposition générale des tracés, de la nature des profils, de la facilité et de la permanence des communications couvertes ou découvertes. Le nouveau système présentera la faculté de combinaison permanente pour tous les moyens de conservation et d'action souterraines ou à ciel ouvert, l'absence de servitude pour les populations, et même la faculté d'augmenter leur protection et leur aisance de circulation dans la vie ordinaire.

Ainsi donc : que le système des retranchements et fortifications, tout en pénétrant davantage dans les principes ordinaires d'attaque et de défense des armées, sorte enfin de cette inertie passive et le plus souvent paralysante, qui caractérise les entassements de petits ouvrages fermés et tourmentés qu'on appelle les postes fortifiés et les places fortes; alors, on ne verra plus le territoire des États encombré d'obstacles et de servitudes militaires, qui amènent des dépenses énormes en même temps qu'ils gênent les populations et leur travail.

Les derniers tracés de Vauban, ceux de Cohorn, ceux de La Madelaine, qui sont basés sur les effets des armes actuelles, ne forment-ils pas autour des places fortes des obstacles impraticables, sur des ceintures de 500 à 1200 mètres d'épaisseur? Que serait-ce en appliquant ces tracés aux grands effets des nouvelles armes?

La multiplicité des places, avec leur étendue resserrée, leur enceinte circulaire ou bastionnée, leur multitude de dehors, leur profil allongé et accidenté, est une véritable calamité dans les neuf dixièmes des circonstances. Sans doute, quand on est appelé à attaquer ces places ou à les défendre pied à pied et mathématiquement, le compas et la plume à la main, pour régler par heure et par minute les moyens d'action en raison des principes réglementaires de leur constitution, sans doute elles peuvent jouer un certain rôle, arrêter ou soutenir de grandes armées. Mais, si l'on agit à leur égard avec des principes et des moyens différents de ceux en vertu desquels elles ont été constituées, que deviennent-elles ? Ce que sont devenues, pendant longtemps, les fortifications attaquantes des Alliés en présence du sud de Sébastopol fortifié, sous un feu incessant, par Tottleben ; ce que sont devenues tant de places fortes de l'Europe tombées au pouvoir d'une simple démonstration française, et surtout celles de la Prusse enlevées par de la cavalerie ; ce que deviendrait une vaste taupinière servant de cible à un cercle de feu, si on entourait une place actuelle de batteries à longue portée et à forte pénétration de l'artillerie nouvelle.

Voilà ce que deviendraient ces fortifications, si l'on voulait s'en occuper. Mais combien de fois arrive-t-il que les 99 centièmes d'entre elles ne sont pas attaquées ? Et alors que sont-elles autre chose que des prisons où se trouvent paralysées des masses considérables de personnes et de matériel militaire, pendant que les armées actives manquent souvent de tout et se trouvent exposées en rase campagne, sans l'idée, sans les moyens, sans les appuis, sans les préparatifs nécessaires pour utiliser les positions locales et les transformer rapidement en fortifications ? Tout le monde ne se rappelle-t-il pas ces guerres de 1814, où les débris français luttaient épuisés et sans appui contre les masses alliées, tandis que des quantités énormes de troupes et de matériel, que l'on avait laissées dans les places du Nord de l'Allemagne, devenaient sans coup férir la proie des étrangers.

Repoussons donc ce système ruineux, encombrant, sans valeur et étouffant des fortifications actuelles. Qu'on en adopte un nouveau que j'appellerai du nom de *fortification circulante*; ce système, tout en restant basé sur la plus grande liberté d'action et de mobilité laissée aux armées et aux popu-

lations, saisira les points importants du territoire par des préparatifs de travaux à exécuter, dans leur plus grande partie
au moment de la guerre, et par des constructions permanentes servant de centre, d'appui, d'abri, de casernes et de magasins, pour tout le développement de la défense, tant souterraine qu'à l'air libre; de plus encore, dans ce système, les constructions permanentes serviront de grands travaux d'utilité
publique pour les services de la paix.

Alors, au lieu de cet entassement ruineux d'obstacles impuissants qu'offrent les fortifications modernes, le territoire
sera libre, ainsi que les populations, les armées et les moyens
matériels; mais, au moment de la guerre, chaque localité dé-
veloppera sa défense, en raison des opérations de l'ennemi,
et des forces que l'on pourra mettre en jeu, des centres permanents qui seront occupés, du plan général de construction
qui aura été arrêté et préparé, et que l'on pourra étendre ou
modifier en raison des circonstances, enfin des éléments personnels et matériels qui seront disponibles ; alors on travail-
lera comme l'ennemi, de manière à lui présenter, toujours et
à coup sûr, des fronts, des croisements et des feux supérieurs
aux siens.

Un pareil système de fortification territoriale est toute une
révolution, qui amènera des simplifications et des économies
générales de plus de moitié dans l'ensemble militaire d'un État
comme la France ; en même temps que ce système défensif
sera plus vivace, plus énergique et plus efficace.

IX.

Sûrement la marine a réalisé, dans ces dernières années,
des progrès admirables, extraordinaires ; et cependant on est
stupéfait de voir, quand on plonge dans la complication et
dans les facultés de cette masse, combien elle est encore
bornée, incomplète et le plus souvent sans action.

Le premier principe nouveau, radical à établir, c'est le

partage de la masse de la marine militaire en trois classes bien distinctes, mais solidairement attachées l'une à l'autre.

La première classe, que j'appellerai *marine mixte ou pénétrante*, se rapproche de la marine actuelle. Seulement cette dernière sera simplifiée et perfectionnée dans toutes ses parties. Je propose même de la complétement révolutionner par l'application du nouveau principe que j'invente et que les marins du monde entier ont toujours ignoré : s'avancer dans l'eau, en la perçant par des proues coniques et tournantes, au lieu de la refouler ou de la fendre comme on a fait jusqu'à ce jour. Le but principal de cette première marine, c'est de faire les transports considérables et rapides à travers les plus grandes étendues des mers profondes et tourmentées.

La seconde classe, que j'appellerai *marine rasante*, sera essentiellement composée de petits éléments séparés, simples et facilement portatifs, tels que barres de fer, boulons, flotteurs, pièces, projectiles, etc., qui pourront être transportés séparément et comme on voudra, par terre ou par eau, pour former sur le théâtre même de l'action, au milieu des plus vastes mers comme sur les côtes, toute une flottille de débarquement, des batteries, etc.

La troisième classe, que j'appellerai *marine plongeante*, a pour but de manœuvrer dans l'eau aux différentes profondeurs, pour détruire les flottes en même temps que pour aborder certaines positions, en dehors des vues et des coups de l'ennemi.

Je dois me borner ici à indiquer ces grands principes entièrement nouveaux, et dont les conséquences d'application seront multipliées pour la marine des divers États. On verra plus tard comment se développe tout ce nouveau système de marine générale, dont l'importance est capitale.

Dans ce chapitre, je passe vite sur les nouveaux aperçus et je dis :

Que la marine de guerre se complète et se révolutionne complétement, de manière à ne plus se composer seulement de

mastodontes compliqués, ruineux et le plus souvent inutiles,
puis d'une cohue de petits bâtiments incertains, précaires, qui
ne peuvent se trouver jamais dans les mêmes conditions de
marche et d'action sur le théâtre des opérations ; d'où résulte
les trois quarts du temps, que les plus vastes armements maritimes sont sans effet militaire. Qu'une flotte soit un ensemble
complet, simple et toujours uni, pour toutes les circonstances
de la navigation et de la guerre ; qu'elle se débarrasse de ces
énormes carcasses, qui se trouvent encombrées par quelques
lourdes pièces d'artillerie et qui nécessitent des milliers
d'hommes rien que pour leur manœuvre ; qu'elle arrive enfin,
rapide, hérissée d'artillerie, sur tous les théâtres d'action,
pleine mer comme côtes profondes ou plates, hérissées ou non
de défenses ; que là, sur place, elle tire de son sein les éléments nécessaires pour ajuster et combiner. pour mettre en
action les petits bâtiments et les batteries qui lui sont nécessaires ; que les gros bâtiments, à constitution permanente, com-
binent leur action avec celle de cette partie mobile pour produire l'effet voulu ; qu'ensuite, on replie dans l'intérieur des
gros bâtiments toute cette marine mobile, pour se transporter
rapidement et sans gêne sur tout autre point que l'on voudra :
évidemment voilà tout un nouveau système de marine militaire, simple et complet, énergique, rapide dans sa constitution et dans son action, qui économisera aux ports et aux arsenaux des ressources de toutes sortes, qui étendra immensé-
ment la carrière de l'action maritime, qui rattachera beaucoup
plus cette action à celle des armées de terre ; et, qui, enfin
rendra beaucoup plus abordable, pour la multitude des petits
États, la capacité maritime que paraît leur refuser aujourd'hui
l'exigence des vaisseaux colosses des grandes puissances.

X.

Maintenant on doit entrevoir le monde nouveau dans lequel je veux faire entrer le système d'armement général des

États ; et l'on doit commencer à être convaincu non-seulement de la nécessité mais encore de la possibilité de cette révolution considérable.

J'ai dit quels sont les principes généraux de l'ensemble, et j'ai énoncé rapidement les aperçus sur les principes nouveaux et sur les conséquences d'application qui sont relatifs aux grandes spécialités de l'armement général ; il y a, sous ces indications générales, une masse énorme de faits, de considérations, d'inventions et d'organisations, qu'il faut débrouiller les unes des autres, classer et rattacher dans un système unitaire et organique : tout cela se fera en son lieu et place.

Ici, je ne puis que résumer les aperçus de ce chapitre, en disant : que tous ces grands principes de révolution radicale soient adoptés dans la constitution de l'équipement général, des forces motrices et organiques de l'armement, des armes de troupes, de l'artillerie de terre et de mer, des fortifications et batteries, des flottes militaires ; que ces changements se réalisent, en se combinant avec les progrès des voies de communications, avec les institutions industrielles, les aptitudes et éducations des populations : alors on peut être assuré que la constitution militaire des États, tout en acquérant une puissance de capacité et d'action infiniment plus vaste, laissera aux travaux de la paix, des ressources immenses, qui se gaspillent et se dégradent aujourd'hui en pure perte.

Ces bases générales et entièrement nouvelles, que je viens d'établir comme le fondement de l'organisation générale du nouvel armement et de la nouvelle constitution militaire des États, vont être l'objet chacune d'un travail étendu qui aura pour but de grouper autour d'elle l'ensemble des principes, considérations, inventions, faits théoriques et pratiques, qui doivent constituer un organe complet et spécial du vaste ensemble militaire. Ce seront là autant de parties séparées de ce grand ouvrage, et qui formeront des traités spéciaux où se trouveront exposées toutes les conditions de chaque grand service.

Ce que j'avance pourra être discuté, attaqué, nié ; mais cela ne saurait en rien arrêter mes efforts. Il est impossible, en effet, de ne pas être frappé de cet ensemble coordonné de choses nouvelles qui ouvre des voies nouvelles ; et il est impossible aussi que les Gouvernements, les militaires et les hommes dévoués au progrès et à la dignité de leur pays ne cherchent pas à se rendre compte de la valeur de ce nouveau système d'armement général, et ne procèdent pas à l'exécution des essais et des applications possibles.

Il y a là, en effet, une question immense, qui touche à toutes les conditions des vies humaines, en même temps qu'à la constitution et à la stabilité des sociétés et en même temps aussi, à la condition d'équilibre naturel entre les nations. Les instincts, les aptitudes et les forces militaires serviront toujours à entretenir et à faire respecter la puissance des Etats ; mais il faut absolument leur enlever ce caractère excessif de masses, de dépenses, de spécialité exclusive et inerte, qui en font le fléau des sociétés, en amenant la ruine financière et l'asservissement politique.

Aussi peut-on le proclamer : heureuse l'humanité quand elle sera débarrassée de la domination exclusive et écrasante des colosses militaires, et quand chaque Etat pourra facilement, et de lui-même, réaliser sur son territoire l'armement général qui lui convient : il en résultera plus de tranquillité, de liberté, de travail et de dignité dans la position de tous ces Etats, grands ou petits, et ensuite plus de chances pour que chacun d'eux entre et se maintienne volontiers dans la grande confédération politique et sociale qui fera justice à tout le monde.

CHAPITRE III.

BREVETS D'INVENTION.

———

I. — Exposé général.

L'exposé général de considérations, de principes, d'applications et de conséquences, que j'ai fait dans les chapitres précédents, suffit pour donner une idée de l'ensemble du nouveau système d'armement général que je propose, mais, au point de vue pratique, cela ne suffit pas. Il reste encore deux expositions générales à présenter : la première a pour objet la description technique et détaillée de tous les procédés nouveaux qui s'appliquent aux parties de l'armement ; la seconde est le développement d'organisation et d'action de chaque grande partie constituante, en raison des faits nouveaux et des situations existantes.

Je ne m'occuperai dans ce chapitre que de la description sommaire et technique des procédés et classements nouveaux, qui s'appliquent à l'ensemble de l'armement ; c'est là une masse considérable et que je partage en quatre groupes dont chacun comprend beaucoup d'inventions réunies sous un titre spécial de brevet général, savoir : brevet général pour les nouvelles armes de jet ; pour la nouvelle navigation

4

générale; pour le nouvel équipement général; pour les nouvelles fortifications et batteries. Ces nouvelles choses nécessitent des termes nouveaux, qui se justifient d'eux-mêmes.

Dans cet exposé, aussi précis que possible, de toutes ces choses techniques, je ne saurais entrer dans aucune discussion; je dois admettre que le lecteur est au courant de ce qui existe aujourd'hui et qu'il pourra, par conséquent, établir de lui-même les comparaisons, les rapports et les applications. Ces dernières peuvent se faire, soit avec l'intégralité des procédés nouveaux que je présente, soit par la combinaison d'un ou de plusieurs des procédés nouveaux avec les autres parties qui existent aujourdhui.

Cela posé, je vais détailler les nouvelles choses qui constitueraient autant de brevets d'invention, propriétés légitimes, comme étant le fruit d'un rude et premier travail dans de nouveaux terrains, et dont les lois me garantiraient l'absolue jouissance, si je songeais à me mettre sous leur protection.

Mais je préfère m'adresser publiquement et de confiance aux gouvernements et aux individus, pour que chacun en particulier et tous en général expérimentent et appliquent comme ils l'entendront. A la fin de ce chapitre j'expose des conditions qui me paraissent de toute justice pour tenir compte de mes droits et de mes sacrifices. Aura égard qui voudra à ces conditions. Ce que je désire avant tout, c'est la liberté pour tout le monde d'étudier, travailler et appliquer les choses nouvelles que je propose, et qui seront un progrès réel pour l'armement général des Etats.

II. — Brevet général pour la jetarmerie, ensemble des armes de jet.

Les nouveaux principes pour les armes de jet sont les suivants :

1° Unité de construction et d'action entre toutes les armes, qui sont rayées, depuis celles de petit calibre et de petite longueur, que l'on met entre les mains des individus, jusqu'aux plus grosses pièces des artilleries de terre et de mer.

2° Rejet des projectiles sphériques, pour toutes les bouches à feu, même pour les mortiers ; emploi exclusif de projectiles à pourtour cylindrique, animés d'un mouvement facile de rotation, et dont les dispositions de surface, de pointe et de queue, peuvent varier beaucoup.

3° Faculté pour toute arme de tirer des projectiles pleins, creux, à mitraille et à incendie, suivant les besoins.

4° Admission de ressorts dans toutes les parties des armes et du matériel de support ou de transport qui peuvent être soumises à des chocs.

5° Emploi presque exclusif pour ces ressorts de matières que j'appelle gommes-organiques, et qui résultent de l'action de la chaleur et de la mécanique, sur des mélanges de gommes artificielles ou naturelles avec des substances minérales, terreuses, végétales ou animales, en raison des conditions spéciales que l'on recherche.

6° Cartouches portant réunis l'amorce fulminante, la poudre et le projectile.

7° Chargement par la culasse de toutes les armes, petites ou grosses, autres que les mortiers courts.

8° Suppression relative du recul.

9° A défaut d'armes de jet à explosion de poudre, nouveau système d'armes à tension de gaz, vapeurs et liquides; mais plus généralement à réaction de solides ou de poids.

Ces nouveaux principes sont appliqués, comme il suit, à de nombreuses inventions qui s'adressent aux parties constituantes du matériel des armes de jet; lesquelles armes de jet se partagent entre deux espèces, savoir : Armes à explosion et armes à réaction.

Je commence par les armes à explosion.

Nouvelle poudre de pyroxile.—Les armes à explosion ont nécessairement pour force motrice les masses de gaz et de vapeur qui sont développées instantanément au fond

4.

d'une pièce. On peut, dans des cas particuliers et accidentels, employer les vapeurs d'eau à forte tension et surchauffées, ou bien les solides ou liquides provenant de gaz concentrés à un grand nombre d'atmosphères. Généralement on préférera des poudres plus ou moins analogues aux poudres actuelles, à base de nitrate de potasse et perfectionnées. Mais ce que je propose comme le meilleur sans contredit, c'est la poudre provenant du pyroxile réduit en pâte et grainé ; ces poudres étant bien traitées, résistent mieux que la poudre ordinaire aux intempéries ; et la charge pèse moyennement deux cinquièmes de moins.

Nouveau système de rayures sans arêtes.—Les dispositions essentielles de ce nouveau système sont les suivantes : 1° Supprimer dans l'intérieur du canon rayé toutes espèces d'arêtes, et n'avoir que des courbures douces et insensibles pour faciliter le mouvement du projectile, le chargement, puis aussi l'entretien et la conservation de l'arme ; 2° Adopter pour toutes les armes, depuis le pistolet et le fusil jusqu'au canon et au mortier du plus gros calibre, le même tracé, qui soit déterminé géométriquement, en fonction du calibre ; 3° Ce tracé sera composé de quatre courbures, qui comprennent le double d'arcs de cercle, dont la moitié sont tangentiels à la circonférence du calibre, tandis que les autres forment des saillies convexes, dont le point culminant dépasse la circonférence primitive d'un quarantième environ du diamètre de calibre.

Nouveau système de projectile rigide ou élastique.—Dans le cas où l'on voudrait rester dans les idées exclusivement adoptées aujourd'hui, savoir : un projectile dont la surface métallique se loge dans les rayures, soit en se déformant comme les balles de plomb, soit en portant des ailettes fondues avec le métal du projectile, soit en adaptant à sa surface des ailettes composées de corps tels que le bois, le zinc, le plomb, le cuivre plus doux que la fonte de fer, dans ce cas, je présente le nouveau projectile d'une seule

coulée et dont la surface cylindrique est cannelée suivant
les quatre courbures douces et continues des rayures. Il est
évident que ces projectiles présenteront, tant pour le chargement que pour le mouvement dans la pièce et dans l'air, des
avantages et des facilités considérables, en adoucissant les
frottements et les résistances, en évitant les chocs et les arcs-
boutements. Du reste, il va sans dire que ces saillies en hélice
peuvent n'exister que suivant deux anneaux placés l'un à la
tête, l'autre à la queue du pourtour cylindrique.

Mais un nouveau principe que je pose pour les projectiles
à rotation est celui-ci : la surface cylindrique du projectile est
lisse à l'état de repos et aussi à l'état de mouvement dans
l'air ; et c'est seulement pendant le mouvement dans la pièce
après l'explosion de la poudre qu'une partie de cette surface,
qui est douée de ressort, se déforme momentanément pour
s'introduire dans les rayures et faire tourner le projectile.

Pour remplir cette condition, j'admets la construction suivante : le projectile en fonte de fer a une pointe antérieure
conique, ogivale ou demi-sphérique ; ensuite vient un cylindre
de calibre; puis une queue composée d'un cylindre dont le
diamètre est réduit d'un dixième au moins de calibre, et qui
se termine en culot ; généralement la surface de ce second
cylindre aura quelques cannelures légères et droites ; le vide
compris entre la surface de ce cylindre réduit et le prolonge-
ment de la surface du cylindre de calibre est rempli par un
anneau circulaire de substance gomme-organique, qui est
fixé par une colle très-forte à la base de la section circulaire
et postérieure du grand cylindre.

On comprend alors ce qui se passe : le projectile étant
posé sur la charge, quand cette dernière fait explosion
l'anneau élastique se trouve fortement comprimé sur sa
partie antérieure, qui repose sur la base annulaire de fonte,
et tend à s'aplatir ; la partie intérieure enveloppe avec force
le cylindre central dont les cannelures le maintiennent ferme
pour l'empêcher de tourner, pendant que la partie extérieure
se trouve poussée en dehors du cylindre de calibre et forcée

dans les rayures, au moyen desquelles elle imprime le mouvement de rotation au projectile.

Une fois sorti de la pièce, l'anneau élastique n'étant plus
comprimé reprend sa position de repos ; alors le projectile
marche et tourne dans l'espace, avec une surface cylindrique,
lisse et nette : ce qui n'existe aujourd'hui dans aucun cas,
pour les projectiles forcés que l'on essaie ou que l'on emploie.

Ce nouveau système de projectiles à ressort offre l'avantage de pouvoir être forcé dans toutes les armes de même
calibre, quel que soit le système de rayures adopté ; mais il est
évident que le système de rayures à courbures continues que
j'ai adopté convient mieux que tous les autres pour le service
régulier et facile.

Il faut observer aussi que ce système de projectile élastique
s'applique à toutes les destinations possibles, telles que : boulet plein, boulet creux et rempli de poudres ou d'artifices incendiaires, boîtes à mitrailles, boulets pleins de balles ; tout
cela ne sera en effet qu'une question d'application de fusées
porte-feu ou amorces fulminantes par le choc, de longueur
et d'épaisseur de l'enveloppe cylindrique de calibre, de forme
de la pointe antérieure, de matières de remplissage, toutes
choses qui laissent l'ensemble du projectile, avec son anneau
élastique, dans les mêmes conditions d'action pratique, au
point de vue du forcement.

Je regarde comme important le principe de faire tirer par
une même pièce les projectiles de même diamètre, mais d'é-
paisseur et de longueur différentes, pour qu'ils soient en position, tout en conservant le même poids, de satisfaire aux
divers services que l'on peut demander aux boulets pleins,
boulets creux et boîtes à balles.

Nouveau système de culasse élastique. — Je propose le principe entièrement nouveau de rendre élastique
le fond de culasse de toutes les armes à feu, de manière que
l'explosion de la poudre, épuisant une grande partie de ses

forces à comprimer le ressort de cette culasse, n'exerce plus qu'une faible action pour amener le recul, en même temps que cette compression des parties élastiques de la culasse bouche hermétiquement toute ouverture, fente ou jointure, par lesquelles s'échapperaient les gaz de la poudre.

Pour obtenir ce résultat, on pourrait se borner à introduire au fond de l'âme des canons ordinaires, à culasse fixe ou mobile, un tampon élastique en substance gomme-organique et incombustible, d'une longueur égale à peu près au calibre et dont le diamètre serait un peu plus petit; la partie antérieure de ce cylindre, c'est-à-dire celle qui serait en contact avec la charge, pourrait être protégée par une calotte ou plaque d'acier.

Pour éviter l'inconvénient de la mobilité et du déplacement de ce tampon élastique, on adoptera généralement la disposition suivante: le centre de la culasse est traversé par une tige en acier, qui fait saillie dans l'intérieur de la pièce; autour de cette tige sont enfilées des rondelles de substance gomme-organique, qui ont à peu près le diamètre du calibre; la rondelle antérieure est protégée en avant par une plaque d'acier, puis retenue en place, à l'état de repos, par une petite saillie qui est en avant sur la tige.

Dans ce cas, il sera favorable de terminer l'intérieur du canon par un tronc de cône, qui commence à hauteur de la tranche antérieure du tampon et qui va en s'évasant un peu, en s'approchant de la tranche du fond de culasse: alors l'augmentation de diamètre que la compression amène dans le tampon élastique pourra se manifester en toute aisance.

Nouveau système de cartouches fulminantes. — Je propose l'emploi général de cartouches à poudre dont le culot est terminé par une rondelle de feutre, tissu, bois ou métal, au centre de laquelle est pratiqué, soit par l'emboutissage, soit par l'ajustage, une capsule qui est remplie de poudre fulminante.

L'explosion de l'amorce fulminante serait produite par le

choc d'une pointe, qui traverserait à frottement doux le centre de la culasse, puis la tige fixée à cette culasse pour servir d'axe au tampon élastique.

Nouveau système de chargement par la culasse.

—J'établis que désormais toutes les armes à feu, grosses et petites, dans tous les services, sauf les mortiers courts, doivent se charger par la culasse.

L'emploi des tampons élastiques, qui empêche toutes les fuites de gaz et qui diminue considérablement les effets de réaction contre le plan rigide de la culasse, permet de réaliser cette mesure avec une facilité et une perfection que l'on ne saurait atteindre par les mille autres moyens qui ont été proposés.

Le principe général du nouveau mode de chargement consiste en ceci: composer la culasse mobile de deux parties essentielles : l'une rigide et maintenue fixe derrière la tranche postérieure du canon ; l'autre élastique et qui, tout en s'appuyant sur cette tranche, pénètre dans l'intérieur du canon, d'une quantité égale à peu près au calibre.

Les modes d'application de ce nouveau principe peuvent être extrêmement divers, d'autant plus que l'on adoptera à volonté la réunion ou la séparation des deux éléments rigides ou élastiques; voici les principales de ces dispositions :

1° Culasse à charnière. — L'axe de cette charnière peut être vertical, à droite ou à gauche de la tranche de culasse du canon, ou bien horizontal en dessus ou en dessous de cette tranche. Dans tous les cas, cette culasse en métal se manœuvre comme une porte, et sa face est maintenue contre la tranche postérieure de la pièce, au moyen d'un boulon mobile et qui s'engage dans des mâchoires combinées, qui appartiennent les unes à la culasse, les autres à la pièce, et qui portent des trous dont l'axe est parallèle à la charnière fixe. Sur sa face extérieure, la culasse porte une tige autour de laquelle est fixé le tampon élastique, qui doit pénétrer dans l'âme de la pièce. Il va sans dire que ce tampon pourrait être isolé et indépendant de la face de la culasse.

2° Culasse à disques circulaires. — La bouche à feu garde sa culasse fixe, mais, sur une certaine longueur à partir du fond de cette dernière, le demi-cylindre supérieur est enlevé; le vide qui en résulte se trouve rempli par deux disques circulaires, qui reposent sur le demi-cylindre inférieur de la pièce et qui peuvent avoir de chaque côté des rondelles élastiques. Le disque antérieur porte sur sa face antérieure le tampon qui doit pénétrer dans l'âme. Ces deux disques peuvent être rattachés à la pièce par un axe parallèle à l'axe général de l'âme. Le service se fait comme il suit : on relève le disque postérieur; on pousse en arrière le disque antérieur, pour dégager le tampon; on relève ensuite ce disque pour introduire la charge; on le rabat et on le pousse contre la tranche de la pièce; ensuite on rabat le disque postérieur. Le coup part.

On peut simplifier beaucoup ce mode de chargement, en employant un tampon isolé et un simple disque qui s'abat dans le plan vertical et peut être fixé par une cheville en fer.

3° Culasses à glissoires.—La pièce présente, en arrière de la tranche postérieure, deux branches parallèles à l'axe, généralement horizontales et réunies à leurs extrémités par une traverse. La culasse mobile est engagée, par deux échancrures ou par deux trous, avec ces barres; elle peut ainsi glisser, pour être rapprochée ou éloignée de la tranche postérieure de la pièce. Cette culasse porte à sa partie antérieure le tampon élastique; à sa partie postérieure, elle a une poignée mobile et qui fait corps avec un double excentrique ou une barre, lesquels s'engagent dans des entailles pratiquées dans chacune des branches.

4° Culasse à crochets. — La pièce, étant complétement coupée à sa partie postérieure, présente sur sa tranche deux ou trois saillies formant crochets, avec des rainures solides. La culasse porte une poignée qui fait corps avec un disque dont les échancrures viennent en tournant s'engager dans les saillies de la pièce, c'est-à-dire dans les rainures des crochets. Pour chaque chargement, les artilleurs ont à ôter et à remettre cette culasse comme un tampon, dans lequel les deux parties métalliques et élastiques sont réunies ou séparées.

5° Culasse à grand ressort. — Ce système, qui est surtout applicable aux petites armes, consiste dans la branche d'un très-fort ressort, qui fonctionne comme chien ou marteau, dont la face antérieure porte le tampon élastique avec l'axe métallique et pointu du centre. Ce ressort, quand il est lâché, vient s'appliquer contre la tranche du canon dont le tampon bouche l'ouverture, pendant que la pointe fait partir la capsule fixée à la charge. Il faut dire que la partie supérieure de cette tranche vient s'engager dans des crans établis au-dessus du canon, de sorte que tout est fixe quand le coup part.

Nouveau système d'affûts et de voitures. — Les pièces se chargeant par la culasse et amortissant directement le recul, la question des affûts se simplifie d'une manière considérable; ainsi, le plus souvent, les pièces pourront être sans tourillons, à pivot fixé dans un bloc, auquel on donnera encore un peu de faculté de réaction directe, au moyen de quelques plaques de substance gomme-organique ou d'un petit châssis. Quant aux pièces qui auront conservé leur recul, on amortira ce dernier au moyen de l'affût; alors, on établira dans l'encastrement des tourillons, et à tous les points d'appuis sur les châssis, des plaques élastiques, notamment sur le derrière de la pièce. Ces dispositions s'appliquent surtout aux mortiers.

Ainsi, je propose les nouveaux mortiers avec affûts que voici : le mortier est fondu sans tourillons; en dessous, il est légèrement aplati et porte une saillie très-solide dans le plan vertical du milieu. Le cul du mortier est terminé par un plan perpendiculaire à l'axe. Ce mortier est posé sur une semelle en fonte. Cette semelle porte, au centre, une rainure dans laquelle s'engage la saillie de la pièce; à l'extrémité, un fort talon en équerre sur lequel est fixé un puissant tampon élastique. Le cul du mortier repose sur ce tampon. La semelle peut être fixée à 45°, et être coulée avec un support; ou bien l'inclinaison de la semelle peut être variable autour d'un axe inférieur et fixé sur un support. Ce dernier peut tourner autour d'une cheville ouvrière, qui est fixée dans la plate-forme.

Pour les affûts à rouage et pour les voitures en général, je propose deux nouveaux principes : 1° obtenir facilement l'élasticité et le ressort par l'interposition de plaques gommo-organiques à tous les points d'appuis des semelles, sassoires, coffres ou autres objets de chargement, sur les épars des châssis, puis aussi par l'interposition de ces plaques entre les étriers d'essieu et le dessous des épars; 2° obtenir l'indépendance des roues et la facilité de tirage par l'emploi d'un essieu spécial pour chaque roue, chaque essieu pouvant être fixe ou tournant dans ses étriers de support.

Nouvelles armes de troupes, dites manarmes. — Ces dispositions générales pour les armes de jet à poudre s'appliquent facilement aux armes de troupes; la meilleure d'entre elles sera le manarme, qui présente l'ensemble des dispositions suivantes : projectile en fonte et élastique; rayures continues; chargement par la culasse; cartouche fulminante; canon ouvert à la culasse avec deux joues postérieures, verticales et fixées à la crosse par deux vis; remplacement du bois de fusil par une simple palette formant crosse; *nouveau ressort unique,* pour remplir l'office de batterie, de sous-garde, de chien, de culasse.

Ce fort ressort, en forme de V courbe, est placé entre les deux joues de la partie postérieure du canon; sa branche postérieure offre en arrière deux tenons à trous pour une vis verticale, qui la fixe au bois de crosse; cette même branche offre en avant un tenon allongé et formant ressort de détente, qui porte à sa partie supérieure les deux crans de bandé et de repos; après ces tenons, la branche du grand ressort s'abaisse, s'élargit et se recourbe en sous-garde, au-dessous des joues du canon, puis elle se relève en une forte branche antérieure, qui appuie verticalement contre la tranche de la culasse.

Cette branche porte au centre un trou rectangulaire dans lequel s'engage l'extrémité du ressort de détente, de sorte qu'en tirant vers la crosse la tête de cette branche, le ressort de détente s'incline, et l'on arrive au cran de bandé. La gâchette peut se composer d'un simple appendice inférieur au ressort de détente. La branche du grand ressort porte un carré d'acier, avec pointe et tampon élastique, pour boucher la culasse et faire partir le coup. La tête de cette branche se recourbe en ressorts à crans, qui se fixent dans d'autres crans à la partie supérieure du canon.

Telle est la description sommaire des principales inventions qui forment la base des nouvelles armes de jet à explosion; on doit comprendre que ces dispositions nouvelles peuvent s'appliquer facilement, et de bien des manières, au matériel actuel, fusils, canons, projectiles, etc... Il est inutile d'insister ici sur les immenses avantages que procureront ces nouvelles inventions pour tous les services de terre et de mer. Ces armes à explosion de poudre devront former la base régulière, normale, des armements généraux.

Nouveau système d'armes à réaction élastique. —Je propose maintenant, pour les cas exceptionnels, l'emploi d'un nouveau système d'armes à réaction d'élasticité; ce système se partage en deux classes: 1° Armes à réaction rectiligne; 2° Armes à réaction angulaire.

1° Les armes à réaction rectiligne consistent en ceci : un tampon élastique est fixé par son extrémité postérieure à un obstacle rigide et se trouve placé entre des coulisses qui se prolongent en auget ou en tube; à la partie antérieure du tampon est placée une plaque métallique, avec tige; cette dernière traverse le centre des rondelles du tampon, puis l'obstacle rigide que l'on peut appeler la culasse. L'extrémité de cette tige est dentée en crémaillère et engrène avec un pignon mis en mouvement à bras d'hommes par des leviers ou mécaniquement avec des courroies ou des poulies fixes et folles ; au lieu de la tige métallique, on peut employer une simple corde qui s'enroule autour d'un treuil ; on peut aussi, au lieu d'une seule traction centrale, employer deux tiges ou cordes latérales, qui agissent le long des deux coulisses du tampon.

Ce tampon sera généralement un cylindre composé de diverses couches de rondelles gommo-organiques, superposées, et plus ou moins combinées avec des bouts de cylindres perpendiculaires et avec des plaques métalliques ; étant comprimé contre la culasse, le tampon est maintenu dans cette position par une dent de déclic ; alors on charge l'arme, en plaçant au-dessus du tampon, dans l'auget ou dans le tube rayé ou non, le projectile que l'on désire ; pour tirer, on n'a qu'à lever le déclic et à débarrasser le pignon de tout son équipage de transmission de mouvement ; le coup part.

2° Les armes à réaction angulaire consistent en un cylindre gomme-organique, à axe solide avec tourillons fixés horizontalement ou verticalement ; ce cylindre peut être bandé à bras d'hommes ou par une force mécanique ; il est maintenu dans cet état de bandé au moyen de pignons à déclic. Ce cylindre porte, fixé à son enveloppe, un système de bras terminé en forme de marteau ou de cuillère.

Dans le premier cas, le marteau vient frapper le culot d'un projectile qui est placé sur une plate-forme, dans un auget ou dans un tube. Quant au second cas, le projectile est placé d'avance dans la cuillère, et le bras vient choquer un obstacle fixe, qui l'arrête et laisse le projectile continuer sa course. Il faut observer que, pour ces deux cas, le bras formant marteau ou cuillère peut n'être adapté au cylindre élastique que lorsque ce dernier sera bandé, après le nombre de tours et au degré de force que l'on voudra.

Pour l'artillerie, ces armes à réaction rectiligne ou angulaire peuvent être facilement établies sur des masses fixes ou roulantes qui leur serviront d'affût; et il faut observer que l'absence de munitions et aussi le faible recul simplifieront beaucoup ces dispositions. L'affût roulant de la baliste, ou arme à réaction rectiligne, aurait deux flasques reposant sur les essieux avec entretoises; entre ces flasques serait l'axe ou pignon pour bander le tampon, et autour de cet axe se mouvraient, suivant les différentes inclinaisons, les coulisses avec le tampon et le tube directeur.

Quant à l'affût de la catapulte ou arme à réaction angulaire, l'axe du cylindre de tension servirait en même temps d'axe à un chevalet portant le support et le tube pour le projectile; on placerait ce chevalet suivant le degré d'inclinaison voulue; il aurait des montants suivant les rayons, puis une traverse supérieure et portant au centre un bloc pour le placement du projectile; dans le cas où il y aurait un tube ou un auget, ils seraient en avant et maintenus par un arc-boutant qui viendrait s'assembler dans une traverse inférieure du chevalet. Cet ensemble du chevalet est fixé, en même temps que mobile, autour de l'axe du cylindre élastique; en outre, dans sa partie supérieure, il est dirigé et maintenu par deux grands arcs circulaires et dentés qu'il embrasse de chaque côté, par une forte coulisse avec déclic, de manière que ce chevalet peut être facilement fixé au point et sous l'inclinaison que l'on désire. Pour mettre l'affût sur rouage, généralement les fusées d'essieu seront sur les côtés du châssis des grands arcs directeurs; alors l'axe du cylindre élastique sera au-dessous et en arrière de l'axe général des roues.

Ces nouvelles armes à réaction élastique formeront ainsi un ensemble complet de nouvel armement qui pourra remplir, dans toutes les circonstances de la guerre de terre et de mer, les services que procuraient aux anciens les arcs, arbalètes, arcobalistes, balistes et catapultes. Seulement les nouvelles armes seront beaucoup plus simples, légères et puissantes d'action que celles des anciens.

En résumé, l'ensemble des nouvelles inventions relatives aux armes de jet embrasse toutes les circonstances possibles de la guerre et des ressources matérielles et mécaniques dont on peut disposer, soit en créant des choses entièrement nouvelles, soit en combinant les armes qui existent aujourd'hui avec les nouveaux principes et les nouvelles dispositions, pour en tirer le meilleur parti possible.

III. — BREVET GÉNÉRAL POUR L'HYDRONAVERIE OU NAVIGATION COMPLÈTE.

Non-seulement je transforme tout le système de la navigation actuelle en y introduisant de nouveaux principes et de nouvelles dispositions, qui améliorent et étendent beaucoup les emplois que l'on pratique aujourd'hui, mais, en outre, j'introduis tout un nouveau système de navigation, dont l'idée générale n'existe même pas encore.

J'appelle *hydronaverie* l'ensemble des institutions et opérations qui ont pour but la navigation dans toutes les conditions possibles, et je partage cet ensemble en deux grands systèmes, que j'appelle :

Système d'hydronaverie à bâtiments massifs ;

Système d'hydronaverie à bâtiments cellulaires.

Je vais indiquer sommairement l'ensemble des nouveaux principes et des nouvelles inventions qui concernent chacun de ces systèmes.

Hydronaverie à bâtiments massifs.—Ce nouveau système de navigation est basé sur l'application entièrement nouvelle, pour le mouvement des navires dans l'eau, du principe général, au point de vue mathématique et physique, de faire pénétrer les corps dans les milieux, quels qu'ils soient, solides, liquides ou gazeux, au moyen de pointes tournantes autour de leur axe central.

Le principe capital du nouveau système de navigation consiste donc en ceci : les navires, au lieu d'avancer en refoulant ou coupant l'eau par des proues de toutes formes, mais fixes, comme cela a lieu exclusivement depuis l'origine des temps, avancent, au contraire, en perçant l'eau, au moyen d'une pointe conique et tournante autour de son axe, ce qui permet de diminuer dans une proportion considérable la résistance du fluide à la pénétration.

De ce principe capital découle toute une série de nouvelles dispositions, dont chacune peut être appliquée, séparément ou en combinaison avec les autres, à des constructions nouvelles ou aux bâtiments actuels, dans toutes les circonstances de la navigation sur mer, sur les lacs, les fleuves, les rivières, les canaux, etc....

Et cette application générale s'adresse également aux trois espèces de navigation, dont l'ensemble constitue la navigation générale, savoir : 1º la navigation *plongeante*, qui se pratique dans l'intérieur des masses d'eau à des profondeurs plus ou moins grandes ; 2º la navigation *rasante*, qui est celle que l'on obtient au moyen des radeaux ou navires à fond plat ; 3º la navigation *mixte ou flottante*, qui est à la fois rasante et plongeante, c'est-à-dire flottante avec des navires à quille pénétrante. Cette dernière espèce de navigation forme presque exclusivement la base et la masse des navigations actuelles.

Voici comment se résument et se groupent les nouvelles inventions et nouvelles dispositions que je propose d'appliquer à tous les navires.

Nouveau système de proue. — La proue plonge complétement dans l'eau ; c'est un cône droit et circulaire, dont la hauteur peut varier dans tous les rapports avec le diamètre du cercle de la base, suivant l'effet que l'on veut obtenir : soit moyennement, pour le triangle générateur, trois de hauteur sur deux de base. Ce cône est creux, excepté vers la pointe ; il est solidement fixé à la barre qui lui sert d'axe, laquelle est disposée horizontalement et fortement maintenue dans des tourillons appartenant au corps de bâtiment. Cet axe est animé d'un mouvement de rotation, tel que le cône fasse de cinquante à trois cents tours par minute, suivant les circonstances de la marche et suivant les conditions du navire.

Pour certains cas, on peut admettre que l'extrémité de l'axe, qui forme la pointe du cône, sera libre; mais généralement, surtout dans les navires de grande dimension, des arcs-boutants, qui partent du corps du bâtiment, présenteront un collet fixe, avec crapaudine, dans lequel pourra tourner l'extrémité de l'axe. La pointe du cône sera coupée suivant un cercle égal au cercle extérieur du collet; l'extrémité de l'axe dépasse le plan antérieur de ce collet; et elle est taraudée de manière à recevoir une pointe massive, et dont le cercle de base est égal aussi à celui du collet.

Nouveau système de poupe. — Je propose de donner à la poupe des bâtiments, les principes de disposition et de construction qui viennent d'être indiquées pour la proue. Tout le monde sait l'influence considérable qu'exerce la forme de la poupe sur la marche d'un navire; et, sûrement, en faisant cette poupe aiguë, régulière et tournante, on diminuera beaucoup l'action retardatrice, en adoucissant les frottements continus des masses de fluide.

Nouveau système de corps de bâtiment. — Considérant le navire plongé dans l'eau, sa forme générale comprend le corps, proprement dit, puis les raccordements de l'avant et de l'arrière. Le corps sera un cylindre circulaire, dont l'axe sera celui des pointes tournantes. La longueur de ce cylindre par rapport à son diamètre varie, suivant les conditions de marche que l'on désire; moyennement, le rapport sera de cinq sur deux; les raccordements sont généralement des troncs de cône, dont la grande base part du cylindre du corps, et dont les surfaces coniques se confondent avec celles des pointes tournantes.

A partir de la circonférence de raccordement entre la surface des pointes et la surface du corps de bâtiment, ce

5

dernier est clos, soit par un plan, soit par un cône qui pénètre dans l'intérieur de la pointe tournante, pour porter plus en dehors le tourillon extrême de l'axe général.

Nouveau système de quilles ou armatures.

— Pour donner de la stabilité au bâtiment, on établira d'abord dans le plan vertical de l'axe, en dessus et en dessous, des saillies ou quilles qui font partie du corps de bâtiment, et qui se prolongent en arcs-boutants autour des pointes tournantes, pour aboutir à soutenir le collet dans lequel tourne l'extrémité de l'axe. Ces quilles et arcs-boutants seront aussi minces que possible dans le sens perpendiculaire à l'axe de pénétration; mais ils seront résistants et disposés de manière à laisser passer l'eau et les ailettes que pourront mettre en mouvement les pointes tournantes. On peut encore établir de semblables saillies avec arcs-boutants dans le plan horizontal de l'axe général, et même suivant des plans inclinés qui passeraient par ce même axe. De ces dispositions résulteront, non-seulement une grande stabilité, mais encore une très-grande solidité pour le bâtiment et surtout pour les pointes qui seront ainsi soutenues et protégées contre tout choc extérieur par une véritable armature.

Navires flottants, espèce rasante.

— En principe, j'établis que les navires employés à la navigation flottante et rasante doivent procéder d'après les mêmes dispositions, pour leur partie comprise dans l'eau, que les navires isolés de la navigation plongeante. Ces navires flottants doivent par conséquent employer les cylindres à pointes et complétement couverts d'eau. De là résulte que les navires destin s à remplacer les radeaux, bateaux et vaisseaux plats, se composent de trois parties savoir: 1° Un ou plusieurs cylindres à pointes tournantes qui sont établis solidement et parallèles dans des positions rapprochées; 2° Une carcasse générale en fer présentant très-peu d'épaisseur pour couper l'eau, encadrant les cylindres qui servent de flotteurs, procurant le support pour la machine et pour la coque supérieure à l'eau; 3° Cette coque, dont le dessous sera généralement courbe, pour toutes les installations au-dessus de l'eau.

Nouveau système pour les navires flottants, espèce pénétrante.—Pour ces navires à la fois pénétrants et flottants, on part aussi de la forme générale du cylindre à pointes, et l'on admet que la ligne moyenne de flottaison doit toujours dépasser le point supérieur du grand cercle de pointes; mais, à partir de cette ligne, la partie supérieure du corps de bâtiment peut se terminer de diverses manières en raison de son usage. Ainsi, on peut conserver la partie cylindrique, en la composant de panneaux séparés par le plan vertical, qui s'appuient sur une carcasse en fer et se meuvent à charnières sur les côtés; ces panneaux peuvent s'ouvrir et s'abattre, de manière à donner un large pont dans les beaux temps; ils peuvent aussi se relever et se fermer dans les mauvais temps, et quand on veut marcher très-vite; alors les vagues et les vents ont le moins d'action possible sur la masse du navire.

Au lieu de conserver la forme cylindrique pour la partie du bâtiment qui est au-dessus de l'eau, on peut transformer cette partie en une espèce de cheminée longitudinale, dont les bords, en se raccordant doucement avec les enveloppes cylindriques et coniques, s'élèveront de manière à former les bordages du pont, ou même les pans d'une toiture. Du reste, il va sans dire qu'en partant de la ligne de flottaison les parties antérieures et postérieures du bâtiment peuvent déborder au-dessus des pointes tournantes et former des saillies, comme le font les proues et les poupes actuelles. Des arêtes verticales, tombant des extrémités supérieures et contenant les collets des pointes, formeront l'étambot à l'avant comme à l'arrière; et de ces verticales partiront les courbes de raccordement avec les bordages, pour donner au pont du bâtiment les formes et dimensions que l'on voudra.

Variétés d'applications, navires actuels.—Il est entendu que la forme d'un cylindre circulaire pour le corps

5.

du bâtiment n'a rien d'absolu. Ainsi, la coupe au lieu d'un cercle peut donner une ellipse dont le grand diamètre sera vertical ou horizontal ; ainsi encore, la forme générale peut être celle d'un ovoïde à coupe circulaire ou elliptique dans le plan transversal ; enfin le corps du bâtiment peut être à formes élargies par le haut et tranchantes par le bas, comme sont les coques des navires actuels. Dans ces cas, on combinera un raccordement facile entre le maître couple du bâtiment et le grand cercle de la pointe tournante, au moyen de courbures aux formes adoucies ; ces courbures, partant du cercle antérieur, viendront s'appliquer tangentiellement sur tout le pourtour du profil.

Ce nouveau système s'appliquera facilement aux bâtiments actuels qui n'auront qu'à recevoir, à l'avant comme à l'arrière, et seulement pour la partie inférieure qui est plongée dans l'eau, l'appendice du raccordement, la pointe tournante, le plan de quille verticale qui constituerait l'étambot pour la proue, les modifications pour la poupe.

Navires à enveloppe tournante. — Au lieu d'avoir un corps de bâtiment à enveloppe fixe et des pointes tournantes, on peut encore faciliter le mouvement du navire dans l'eau en faisant tourner toute l'enveloppe, cylindre du corps, raccordements et pointes, ou bien coque entière dans le cas d'un ovoïde de révolution. A cet effet, le bâtiment fixe étant construit avec son axe, l'enveloppe, qui forme une surface parallèle et un peu distante par rapport à la surface extérieure de ce bâtiment, est mise en mouvement par l'axe auquel elle est fixée, vers les pointes et aussi en d'autres parties de son étendue par des cercles. Du reste, cette enveloppe tournante est encore supportée de distance en distance par quelques cercles avec rainures et à frottement doux, qui sont fixés sur la carcasse du bâtiment.

Au lieu de faire tourner l'ensemble de l'enveloppe, ce qui rendrait le service et l'habitation du bâtiment intérieur assez difficile, en exigeant des portes fermées dans les deux surfaces, on devra généralement partager l'enveloppe en deux sections, qui tourneront chacune à l'avant et à l'arrière, et qui seront séparées par une bande fixe et faisant partie du corps de bâtiment. Cette bande pourra porter en dessus un granb tube ou cheminée pour l'aérage et pour le service. Ce nouveau système d'enveloppes tournantes pourra s'appliquer avec avantage à des bâtiments de petit échantillon et à grande vitesse, surtout aux flotteurs.

Voilures et emploi du vent. — Les bâtiments tels qu'ils viennent d'être décrits à pointes tournantes peuvent marcher comme les bâtiments à voiles et dans des conditions bien meilleures ; car, pendant que les vents pousseront la voilure, il sera facile, au moyen d'un récepteur à ailettes, d'utiliser la force de ce vent pour produire un mouvement de rotation que l'on transmettra aux pointes tournantes, et qui facilitera immédiatement la marche dans des conditions d'avantages considérables. Il faut observer que la force nécessaire pour faire seulement tourner les pointes lisses sera très-peu de chose. Cette force pourra donc être facilement fournie aux bâtiments à voiles, soit par l'application du vent, soit par une petite machine à vapeur et qu'alimenteraient les fourneaux de cuisine.

Le nouveau système de voilure, que j'appelle voilure à éventail, consiste en ceci : soit un fort manchon en fer qui peut tourner autour d'un fort axe vertical, plein ou creux, lequel est fixé sur le pont du navire, à l'emplacement ordinaire du grand mât, par exemple ; à chaque extrémité d'un diamètre ce manchon porte une forte mâchoire, dans laquelle est disposé le nœud d'un éventail dont les tiges métalliques sont reliées entre elles par de fortes bandes de toile et peuvent aussi se lever ou s'abaisser autour d'un axe horizontal compris dans la mâchoire. C'est donc autour du mât deux éventails : quand ils sont abattus, ils forment une seule ligne que l'on peut fixer sur le milieu du pont ou de la toiture. Quand, au contraire, on veut tendre la voilure, on tourne le manchon dans la direction voulue, puis avec des cordages on hisse les tiges de manière à déployer les éventails. Ces derniers, en se joignant en arc-boutant, donnent une vaste surface circulaire ou elliptique, contre laquelle le vent agit dans les meilleures conditions.

Il va sans dire que non-seulement on peut multiplier ces plans de voilure sur la longueur du bâtiment, mais encore les consolider et les compléter par des cordages dans toutes les directions, puis par des voiles dans le plan méridien.

Propulsion mécanique. — On peut appliquer à ces nouveaux bâtiments à pointes tournantes tel système de propulsion que l'on voudra ; ainsi, on peut conserver les roues à aubes, en faisant tourner la proue et la poupe, dont la surface reste lisse ; ou bien l'hélice à l'arrière, en faisant tourner la proue seulement ; ou enfin tout autre système de propulsion par refoulement que l'on a pu imaginer.

Mais je propose un nouveau mode de propulsion qui résulte naturellement du principe même de la constitution du navire.

Ainsi, au lieu de conserver lisse la surface des pointes tournantes, je les arme d'ailettes formant saillie, en hélice sur leur surface. Généralement, ces ailettes, partant de la surface même vers la pointe, vont en s'élevant progressivement à mesure qu'on avance vers le cercle de la base; chaque filet, au lieu de se terminer brusquement au plan de la base, se prolonge en courbe qui rachète la saillie et forme ainsi comme une oreille qui tourne avec le cône de la pointe ; enfin les parties d'ailettes sont évidées, vers leur point d'attache avec la surface de la pointe, afin de faciliter le passage et le dégorgement de l'eau.

Il faut observer qu'en armant ainsi d'hélice la pointe de l'avant, on se donne, en outre de la faculté de propulsion, l'avantage de faire dans la masse liquide un vide dans lequel pénètrent sans effort le raccordement et le corps du bâtiment. La poupe tournante pourra être armée d'ailettes d'une manière semblable. On voit que l'on pourra à volonté avoir la propulsion à l'avant, ou la propulsion à l'arrière, ou la propulsion simultanée à l'avant et à l'arrière, au moyen d'hélices, ces dernières étant combinées de manière que le même mouvement des pointes ou enveloppes tournantes procure des actions propulsives dont les forces s'ajoutent.

Machines motrices. — Tout système de machine existant pourra être employé pour l'application de la force motrice aux éléments de ces bâtiments ; mais généralement on n'emploiera que les plus simples, les moins volumineuses, celles qui consomment peu de liquide et peu de combustible.

Les nouvelles machines que j'ai à proposer, comme supérieures à tout ce qui existe, font l'objet de brevets spéciaux.

Je me contenterai de mentionner, surtout pour les petits bâtiments militaires de flotille à action circonscrite et temporaire, le nouveau principe d'employer, comme force motrice, la puissance explosive de la poudre de guerre combinée avec les qualités dynamiques des liquides.

Construction du corps de bâtiment et des enveloppes. — Les carcasses peuvent être construites en métal ou en bois, comme on le fait aujourd'hui, en ayant seulement l'attention de rendre aussi lisses que possible les surfaces tournantes. On peut même les construire en étoffes imperméables et reposant sur des surfaces de grillages. Un nouveau principe de construction que je propose consiste en ceci : composer la carcasse de petits éléments de forme régulière et qui sont juxtaposés, suivant des plans de joints entre lesquels on introduit une bande de matière gommo-organique; ces plans de joints sont formés par des rebords en saillie avec trous pour des boulons à vis, qui permettent de serrer la réunion des faces autant qu'on le voudra. De ce nouveau système de construction résultent les avantages suivants : 1° la surface générale de l'extérieur, ne présentant aucun rivet, pourra être aussi lisse qu'on le voudra ; 2° une certaine élasticité existera entre tous les éléments solidaires et, par suite, dans l'ensemble de la construction; 3° les côtes ou saillies intérieures procureront une très-grande solidité sous une faible épaisseur ; 4° les réparations, qui se réduiront au remplacement d'un ou deux éléments, se feront facilement, etc.; 5° enfin, pour ces éléments constitutifs de la carcasse, on pourra employer, soit des feuilles métalliques avec faces recourbées, soit des blocs de bois, soit des voussoirs ou douves en matières composées, gommo-organiques ou minérales, comme les poteries, les substances vitrifiées, les pierres naturelles, les ardoises, etc.

Nouveau gouvernail. — Malgré la proue et la poupe tournantes, l'hydronave comporte parfaitement le système de gouvernail appliqué à l'étambot de l'arrière, tel qu'il existe aujourd'hui. La proposition nouvelle que je formule consiste à pouvoir aussi appliquer un gouvernail à l'étambot de l'avant, ce qui peut être d'une grande utilité dans beaucoup de circonstances.

Une autre proposition nouvelle consiste à établir, dans tous les gros bâtiments, l'emploi de la force mécanique pour la manœuvre des gouvernails. Ainsi, dans le cas de la vapeur, on emploierait la disposition suivante :

Sur la roue du gouvernail, s'enroule une chaîne dont les extrémités sont fixées aux tiges de deux pistons égaux ; ces pistons se meuvent dans des cylindres parallèles et juxtaposés dans le même bloc. A la tête de ces cylindres est établi le tiroir, qui permet d'opérer la communication de la vapeur avec l'un ou avec l'autre cylindre ; le mouvement de ce tiroir est déterminé par un simple coup de levier que donne le timonier.

La position du tiroir étant fixée, on règle l'entrée de la vapeur dans un cylindre, et sa sortie de l'autre cylindre, au moyen de deux grandes aiguilles à cadrans ; les axes de ces aiguilles coïncident avec ceux de deux robinets qui sont placés, l'un sur le tuyau d'arrivée de la vapeur dans le tiroir, l'autre sur le tuyau de sortie de la vapeur à l'air libre. Par ce mécanisme, on est parfaitement maître de combiner et régler l'emploi de la vapeur, en raison de l'effort que nécessite la manœuvre voulue du gouvernail.

Enfin, en dehors de tous les gouvernails connus jusqu'à présent, je propose un système entièrement nouveau, et qui consiste en ceci :

Dans un plan transversal du bâtiment, celui du couple majeur, par exemple, se trouve le mécanisme suivant :

Une forte plaque, généralement en fer, de plusieurs centimètres d'épaisseur, se trouve logée dans le plan de ce couple ; à l'état normal, ses deux extrémités latérales affleurent parfaitement avec la coque du navire ; mais cette plaque du gouvernail se trouve encaissée dans des coulisses qui permettent de la rendre mobile dans le sens horizontal, de sorte qu'elle peut manœuvrer pour former saillie sur la coque du navire, soit à droite soit à gauche, et généralement dans la partie la plus large du couple immergé.

Pour ce mouvement, les extrémités de la plaque entrent à frottement dans une gaîne ou tiroir que forme l'enveloppe de la carcasse repliée vers l'intérieur ; de plus, cette plaque présente, vers son centre, une crémaillère horizontale qui engrène avec un pignon fixe, et dont le mouvement fera sortir ou rentrer, d'un côté ou de l'autre, les extrémités du gouvernail. On comprend que les saillies, étant réglées avec la précision que l'on voudra et pouvant se manifester d'un côté ou de l'autre du maître couple, permettront de changer, avec facilité et rapidité, puis dans un très-petit espace, la direction du bâtiment.

Navigation sous l'eau. — Le navire, de forme ovoïde ou cylindro-conique, est complétement fermé, avec des parties de l'enveloppe en forte glace. Il emporte avec lui des réservoirs d'oxigène comprimé à cent atmosphères, par exemple, puis aussi des réservoirs d'air et des réservoirs d'hydrogène carbonné comprimés aussi ; pour le service, ces gaz sont plus ou moins mélangés avec de la vapeur que l'on régénère et qui provient de liquides emportés en provision ; ils servent à l'entretien du moteur mécanique, de la combustion, de la lumière, puis aussi de la respiration. Des dissolutions d'alcali absorbent l'acide carbonique qui se produit.

Pour permettre à des hommes de sortir du navire ou d'y entrer quand ce navire est sous l'eau, près du fond de la mer par exemple, voici la disposition nouvelle que j'emploie. Au fond de la coque est une ouverture pour le passage d'un homme avec l'appareil de plongeur ; cette ouverture peut être tenue ouverte ou fermée par un fort plateau à coulisse que l'on manœuvre de l'intérieur ; au-dessus de l'ouverture, dans l'intérieur du bateau, est un fort cylindre creux de deux mètres environ de hauteur et dont la partie supérieure peut être ouverte ou fermée par un fort plateau à coulisse ; le cylindre est ordinairement rempli d'eau.

Quand l'homme doit sortir du bateau, on ouvre le tiroir supérieur ; l'homme entre dans le cylindre et repose sur le tiroir inférieur ; alors on ferme le tiroir supérieur et on ouvre le tiroir inférieur, l'homme se trouve dans la masse de l'eau, hors du navire. Quand l'homme doit rentrer, on ouvre le tiroir inférieur, en laissant fermé le tiroir supérieur ; l'homme étant dans le cylindre, on ferme le tiroir inférieur, puis on ouvre le tiroir supérieur ; l'homme sort du cylindre.

Marine militaire. — Les navires qui viennent d'être décrits peuvent évidemment servir aux mêmes usages militaires que les vaisseaux actuels. Leur artillerie, à l'avant, à l'arrière et sur les flancs, peut être à plusieurs étages. Généralement, cependant, pour avoir peu de volume au-dessus de l'eau, on se contentera d'un étage de fortes pièces avec peu de recul.

Du reste, la marine militaire cherchera toujours à appliquer l'hydronave aux trois systèmes de navigation, mixte, plongeante et rasante. Je propose même tout un nouveau système de batterie sous-marine, en intercalant dans les flancs du navire des gueules de fonte qui peuvent être considérées comme des âmes de mortiers se chargeant par la culasse. La charge et le projectile, recouverts extérieurement d'une enveloppe élastique pour empêcher le passage de l'eau, pourront être mis d'avance, et l'on tirera le coup près de l'obstacle ennemi; un mouvement de tiroir pourra fermer la partie antérieure de la gueule, pendant que l'on rechargera en dégageant la culasse.

Mais un emploi spécial des hydronaves, qui constitue un engin de destruction nouveau et terrible, consiste en ceci :

Le tenir aussi plongé que possible ; lui donner en avant une très-forte pointe ; le faire piquer à toute vitesse dans le flanc des navires ennemis. Le trou dans le navire étant fait, on employera toute la force mécanique de l'hydronave à le dégager en le faisant reculer.

On peut rendre ces effets de destruction plus terribles encore, en fixant à la pointe de l'axe de l'hydronave un très-gros projectile creux et rempli de poudre. Le projectile de forme cylindro-conique, en pénétrant dans le bâtiment ennemi, éclate et bouleverse tout, pendant que l'hydronave se trouve repoussé en arrière et recule de toutes ses forces.

Du classement des navires à pointes.— Les bâtiments qui résultent de l'ensemble des dispositions qui viennent d'être indiquées peuvent avoir toutes les dimensions et tous les rapports de forme que l'on jugera convenables, en raison des circonstances et du service.

Pour les hydronaves à grande vitesse, le corps du bâtiment sera généralement à section circulaire, d'un diamètre peu différent de la pointe ; il sera allongé et plongé dans l'eau le plus possible ; quant aux pointes, aiguës et portant des hélices à faible saillie, elles tourneront extrêmement vite. Ainsi l'hydronave percera l'eau et les vagues, comme une balle, comme une flèche tournante.

Pour les hydronaves à faible vitesse et à gros transport, on aura les pointes moins allongées, à hélices saillantes et faisant peu de tours. Le corps du bâtiment pourra avoir un grand diamètre par rapport à celui de la base des pointes, il pourra sortir beaucoup au-dessus de l'eau et comporter une forte voilure.

Pour les hydronaves destinés à un service mixte, on adoptera une moyenne entre les deux dispositions précédentes.

En ce qui concerne les marines militaires, ces trois classes peuvent s'appliquer en raison de la destination plongeante, flottante ou rasante que l'on voudra donner au navire; puis en raison de l'usage pour transport, batterie ou choc, que l'on voudra réaliser.

Hydronaverie à bâtiments cellulaires. — La somme de nouvelles considérations et inventions que je viens d'établir pour la marine en général, et surtout pour la marine militaire, étend et perfectionne dans des proportions considérables le domaine de la marine actuelle.

Mais ce n'est pas tout, il y a encore un nouveau système de marine, qui repose sur des considérations et sur des inventions entièrement nouvelles; ce système, qui n'a pas de précédent, est forcément appelé à former une des parties essentielles et influentes de l'ensemble maritime. Cette nouvelle navigation, que j'appelle *cellulaire*, je propose à toutes les puissances de se l'approprier, immédiatement et avec facilité, pour leurs armées comme pour leurs flottes.

En résumant l'ensemble des dispositions, le principe général de cette nouvelle marine est le suivant: Création instantanée et sur le théâtre même d'opérations, au moyen d'éléments simples et légers que l'on transporte avec soi ou que l'on trouve presque partout, de flottilles comprenant des bâtiments pour les troupes et les approvisionnements, pour les batteries flottantes, canonnières ou bombardes; ces flottilles pourront agir immédiatement dans les convois par eau et dans les débarquements, dans les attaques de fortifications, de troupes ou de flottes, sur les côtes, dans les fleuves ou les lacs, enfin en haute mer.

Ainsi, désormais, les bâtiments ordinaires des flottes pour l'action sur la mer, les convois de voitures ou de mulets pour l'action venant de terre, apporteront dans leur intérieur de quoi constituer, rapidement et sur place, des flottilles de transports et de batteries pour toutes les opérations militaires que peut comporter l'existence de masses d'eau, quelles qu'en soient l'étendue et la profondeur. L'action finie, cette flottille est démontée sur place ; les éléments sont replacés dans les convois de terre ou dans les vaisseaux de la haute mer ; et désormais, armées et flottes peuvent transporter rapidement sur d'autres points leur action indépendante ou combinée.

Ce principe général étant posé, voici quels sont les éléments pratiques qui doivent présider à la constitution du nouveau système de marine :

1° Carcasse du bâtiment en bandes de fer ou de bois, ou de substances gommo-organiques. Ces bandes sont assemblées suivant des figures simples et ramenées à des triangles, de manière à constituer un volume de forme invariable. La réunion de ces bandes peut avoir lieu, au moyen de nœuds en fonte de fer, de clavettes ou même d'écrous. Le poids de la pièce la plus lourde ne dépasse pas 100 kilogrammes.

2° Distribution des éléments prismatiques de ce volume, en raison de l'usage spécial auquel on destine le bâtiment. Ainsi, on peut avoir indistinctement un bateau ou un radeau pour les transports, une batterie à longs canons, une bombarde à mortiers. Dans chaque bâtiment, l'ensemble de la carcasse est partagé en volumes pour les flotteurs, les pièces d'artillerie, les munitions et approvisionnements, la circulation du service, la propulsion, le personnel, etc.

3° Partage du volume destiné au système de flottaison, en cadres rigides qui déterminent de petites cellules que l'on remplit de corps légers. Ces corps peuvent être accidentellement des caisses vides, de bois ou de tôle ; mais généralement on emploiera des volumes tels que sphères, cylindres, mais mieux prismes droits et à base carrée, qui seront en étoffe forte et imperméable et que l'on remplira d'air ou de gaz provenant de l'explosion de la poudre.

4° Ces prismes à bases rigides seront aplatis en soufflet pour être transportés dans les vaisseaux ou dans les voitures. Sur place, on logera chacun d'eux dans la case de la carcasse qui lui convient; puis, au moyen d'un manchon placé sur la face supérieure et dont l'ouverture peut être libre ou fermée, on remplira ce prisme d'air ou de gaz, de manière à former un flotteur qui occupera intégralement la cellule de la carcasse où il est logé. Ces prismes seront faciles à placer et à remplacer dans chaque cellule.

5° Les pièces d'artillerie, canons, obusiers ou mortiers, seront établies directement sur les bandes supérieures de la carcasse et au-dessus des flotteurs. Avec les pièces de l'artillerie actuelle, on emploiera les nouveaux affûts pour résister le plus possible aux réactions du tir. Mais l'emploi de ces pièces ne doit être considéré que comme une exception forcée et fâcheuse. En principe, il faut renoncer radicalement au système actuel d'artillerie pour adopter le nouveau système de pièces légères rayées, se chargeant par la culasse, sans roues et sans affût.

6° Les approvisionnements en projectiles, en poudre et autres denrées, seront installés vers l'axe du bâtiment, le plus bas possible, et les plus lourds au fond, pour augmenter la stabilité du système et pour être à l'abri des coups de l'ennemi. Chaque bouche à feu aura son approvisionnement installé près d'elle, à sa portée.

7° Le service se fera au moyen de passages larges et faciles, qui régneront dans l'intérieur du bâtiment, en contre-bas et le long de la ligne des pièces; de sorte que chaque homme sera à hauteur de la culasse de sa pièce pour la servir facilement et pour être couvert.

8° Un nouveau système de voiture pourra être adopté. Il sera composé de cadres en fer, appliqués au-dessus et sur les flancs de la carcasse, pouvant être tournés dans la direction du vent, et pouvant recevoir un système de voiles qui s'étende ou se détende instantanément et sans effort.

9° En outre de la faculté de recevoir la propulsion accidentelle du vent, la nouvelle marine pourra être conduite par des propulseurs à main bien supérieurs aux rames des galères antiques et des chaloupes modernes. Au besoin, ces propulseurs gouvernails seront mis en action par des forces mécaniques, mais surtout par celle que développe l'explosion de la poudre, et qui n'entraînera aucune complication.

10° Pour l'installation des munitions, du service, du système de propulsion, du personnel, il faut ménager dans l'intérieur du bâtiment des espaces libres et entourés d'eau. A cet effet, on employera une réunion de toiles imperméables et de grillage en fort fil de fer, qui soit solidement fixé aux bandes intérieures de la carcasse.

11° Bien qu'en principe il faille admettre que les bâtiments de la marine cellulaire devront aller en guerre, et principalement à la bataille à découvert, comme le font les corps de troupes, les vaisseaux de la haute marine et même les canonnières et les bombardes employées jusqu'à ce jour, il y aura cependant des circonstances exceptionnelles où il sera bon de cacher l'intérieur du bâtiment aux vues de l'ennemi; et alors on pourra se contenter de tendre, sur les plans supérieurs de la carcasse, une simple toile imperméable qui, tout en arrêtant la vue, servira aussi à garantir des intempéries.

12° Pour les cas exceptionnels où l'on voudra mettre l'intérieur du bâtiment, avec le matériel et le personnel à l'abri des projectiles de l'ennemi, lesquels projectiles ne pourront jamais d'ailleurs amener un effet fatal pour la conservation du bâtiment même, on adoptera la nouvelle disposition qui suit : Sur les bandes supérieures de la carcasse, un fort grillage en fer; sur ce grillage une couche de sphères ou de sacs aplatis en toiles imperméables et gonflés d'air, ou bien des rondelles de caoutchouc volcanisé; sur cette couche élastique une couche matelassée de coton, ou laine et filasse, ou soie, rendus incombustibles par une dissolution d'alun; sur cette couche matelassée, un recouvrement en plaques de tôle non fixées ; là-dessus un grillage en fils de fer ou en cordes fixé aux bandes supérieures de la carcasse. Le projectile ennemi, mettant en jeu par son choc la réaction d'une vaste surface élastique, se trouvera amorti, puis rejeté.

De l'ensemble de ces principes de constitution pratique résulte que la nouvelle marine, n'étant composée que d'éléments simples, faciles à créer partout, légers et transportables dans les bâtiments ordinaires, dans les voitures ou à dos de mulets, pourra être employée dans toutes les circonstances de la guerre ; qu'elle fournira des bâtiments vastes et solides, portant des masses de troupes ou bien une artillerie formidable, se dirigeant eux-mêmes dans toutes les circonstances du combat, à l'abri de l'incendie et de la destruction générale par les projectiles ennemis qui n'amènent que des accidents partiels et faciles à réparer, pouvant d'ailleurs amortir les projectiles par une cuirasse ou couverture élastique ; que cette marine peut enfin être détruite ou construite rapidement et à volonté, de manière à transporter et à multiplier l'action comme on voudra dans l'ensemble des opérations militaires.

Je dois faire observer que ce système de marine, dite *hydronaverie cellulaire*, se prête à toutes les espèces de navigation plongeante, pénétrante ou rasante.

Pour la navigation plongeante, soit un simple prisme cubant une dizaine de mètres et portant des tuyaux en caoutchouc pour la respiration, puis des provisions d'alcali pour absorber l'acide carbonique. Ce prisme se prête à la submersion, soit à l'état d'appareil isolé, soit à l'état de réunion et de combinaison avec d'autres prismes et quelques barres de fer ; et cela d'autant plus facilement que l'enveloppe flexible et imperméable permet toutes les conditions de provision d'air, de productions de gaz et de variation de volumes, que peuvent nécessiter les diverses opérations de cette navigation plongeante.

Quant à la navigation flottante et pénétrante, on comprend que la réunion des flotteurs peut être combinée avec des

toiles imperméables et des carcasses de fer, de manière à obtenir des bâtiments à quille de toutes dimensions et de toutes
formes.

Mais l'usage le plus général de cette hydronaverie cellulaire sera pour la navigation rasante ; c'est là surtout qu'elle
se prête à toutes les combinaisons désirables pour les transports et pour les opérations de la lutte.

Résumé. On voit qu'à la place du système actuel de navigation, qui n'emploie guères que des bâtiments massifs et
flottants, à quille et à proue fixe, je propose tout un ensemble
de nouveaux principes et de nouvelles dispositions qui constituent l'hydronaverie générale, dont les parties constituantes
se partagent ainsi :

1° Système d'hydronaverie à bâtiments massifs ;

2° Système d'hydronaverie à bâtiments cellulaires.

Chaque système se partage en trois espèces, suivant l'emploi, savoir : 1° navires pour la navigation plongeante ;
2° navires pour la navigation flottante et pénétrante ; 3° navires pour la navigation rasante.

Chaque espèce se partage elle-même en trois classes, savoir : 1° navires de course ; 2° navires de gros transport ;
3° navires mixtes.

Toutes ces classes de navires peuvent être combinées et
employées pour tous les services de navigation que réclame-
ront les populations, le commerce, l'industrie et la guerre.
Sous ce dernier rapport, il faut ajouter les deux classes suivantes : batteries flottantes et bombardes ; éperons de choc
et d'explosion.

IV. — Brevet général pour l'équiparmerie ou nouvel équipement.

J'appelle équiparmerie l'ensemble des dispositions et opérations qui sont relatives à l'emploi d'un équipement pour la
guerre de terre ou d'eau. Le principe général et entièrement

nouveau de cette institution nouvelle consiste en ceci : doter les armées et les flottes d'un appareil simple, solide, léger, imperméable, qui soit mis à la disposition de chaque individu et de chaque service spécial, et qui se combine avec d'autres éléments portatifs, pour satisfaire à l'ensemble des besoins d'approvisionnement, d'installation, de marche, de navigation, de fortification et de combat.

Description de l'équiparme. — Dans sa forme générale et moyenne, c'est un prisme droit, dont les bases sont des carrés de cinquante centimètres environ de côté, aux angles arrondis, et dont la hauteur est de soixante centimètres. Ce prisme est creux ; les carrés de ses bases sont des plaques rigides que l'on peut composer de métal, de bois, d'étoffe, de fonte, de substances gommo-organiques. Le pourtour est formé par une étoffe fine et forte, imperméable et flexible, qui puisse résister aux variations de température, puis aux frottements et aux chocs. Des préparations gommo-organiques permettent de remplir ces conditions avec facilité ; cette même toile imperméable recouvre les surfaces extérieures des bases du prisme.

Ce prisme comprend donc deux fonds égaux et rigides de formes, puis un pourtour flexible qui peut se plier ou se tendre. Ce pourtour étant plié, le prisme se trouve aplati comme un soufflet, de manière que les deux fonds se recouvrent : alors c'est un volume de six centimètres environ de hauteur et dont le cube est de 0,015 mètres. — Partant de cet état d'aplatissement, on peut gonfler le prisme, en le remplissant d'air, de gaz, de liquides ou de corps solides ; sa hauteur peut se développer jusqu'à la limite de soixante centimètres : alors le cube extérieur sera de 0,15 mètres cubes, et la capacité intérieure sera de 140 litres environ, en déduisant les épaisseurs.

La solidité et la stabilité des formes sont maintenues au moyen des dispositions suivantes :

Chaque fond est relié avec le pourtour par un cadre en

tôle de fer, qui embrasse ce pourtour sur une hauteur de 15 millimètres environ, puis qui se recourbe pour s'aplatir sur le fond, suivant une bande de quinze millimètres aussi de largeur. De plus, chaque fond porte à l'extérieur quatre bandes de fer en diagonale, qui vont de chaque angle du pourtour à un disque de fer occupant le centre. Au besoin, aussi, on peut admettre des bandes de fer qui, partant de ce centre, iraient au milieu de chaque côté du carré.

La bordure en fer, qui réunit les fonds au pourtour, porte à chaque angle et au milieu de chaque côté un petit cadre en fer rond d'environ vingt millimètres de longueur sur huit millimètres de hauteur. Ces petits cadres ou anneaux sont mobiles, à charnière sur un grand côté, de manière qu'ils peuvent s'abattre dans la surface du pourtour ou dans le plan des fonds ; ils servent à passer des courroies ou des cordes, des tiges de bois, des barres de fer, etc.; ces attaches, allant d'une base à l'autre dans toute la surface du pourtour, permettent de fixer la position du prisme dans la condition de hauteur et de rigidité que l'on désire.

Enfin, pour maintenir au pourtour sa forme carrée, et pour lui donner de la solidité, en même temps aussi que pour donner des guides et des points d'appui aux courroies, cordes ou tringles, ce pourtour porte deux cadres en tôle de fer, espacés de vingt centimètres environ et qui porteront, eux aussi, des petites boucles mobiles comme les cadres des fonds.

La réunion des boucles de fer avec les enveloppes et les plaques du prisme peut avoir lieu de bien des manières. Généralement elle se fera par une couture suivant une ligne centrale de petits trous qui seront pratiqués dans la bande de fer. En résumé, on prendra des soins pour que la surface extérieure, avec ses barres de fer de bordure, soit solide, flexible et imperméable.

En ce qui concerne le disque central de chaque carré, pour le fond inférieur, ce disque sera de fer plein, mais, pour le fond supérieur, ce disque se prêtera aux dispositions d'ouverture et de fermeture que nécessitera le service spécial du

6.

prisme. Ainsi, en général, ce disque du fond supérieur ne sera qu'un cadre de forme circulaire ou carrée, qui présentera une ouverture intérieure avec feuillure. Cette ouverture sera fermée par un couvercle en tôle, à charnière, et qui porte en-dessous une plaque de substance gommo-organique. Pour maintenir l'ouverture fermée et le couvercle pressé, le cadre d'ouverture porte trois à quatre petites tiges de boulons à vis avec petits tourniquets; les pattes de ces tourniquets peuvent être conduites sur le couvercle, où on les serre et les desserre au moyen de petits écrous.

Je dois encore dire que les boulons à vis du cadre d'ouverture peuvent être terminés par des anneaux ou des boucles dans lesquels on passera des cordes ou courroies, pour servir de poignées; on transportera ainsi avec facilité le prisme, qu'il soit vide ou plein.

Tel est l'ensemble des dispositions constitutives de l'appareil, que j'appelle *omnivase* ou *équiparme*, dont la présence et l'emploi vont se retrouver dans toutes les parties et dans toutes les opérations des armées. Le poids de l'appareil tel qu'il vient d'être décrit serait de 3,0 kilogrammes au plus.

L'emploi du fer pour former la carcasse de l'omnivase offre certains avantages de solidité, de facilité de travail et d'approvisionnement; mais ce métal, en bandes minces, a l'inconvénient de se fausser, de se briser, de se rouiller et d'être lourd. On pourra remplacer le fer par d'autres métaux, tels que le zinc ou même le cuivre. Mais le plus grand avantage consistera à remplacer le fer par une substance gommo-organique et durcie comme la baleine. Cette nouvelle substance est cinq fois plus légère que le fer, en même temps qu'elle est flexible, élastique, non cassante, et suffisamment rigide pour la stabilité de forme et la résistance de support. Avec l'emploi de cette substance, qui sera préférée toutes les fois que l'on pourra se la procurer, l'équiparme ne pèserait qu'un kilogramme environ et se prêterait beaucoup mieux aux accidents et aux chocs de la guerre.

L'équiparme, tel qu'il vient d'être décrit, est léger, solide.

flexible, variable de volume, et se prête à une foule d'usages pour les armées. Il peut être facilement porté par chaque soldat et lui rendre des services individuels d'une très-grande importance. Les mulets, voitures et bateaux de l'artillerie, du génie, de l'intendance, de la marine, le transporteront aussi par milliers. C'est là un grand avantage de n'avoir dans l'armée qu'un même appareil, qui figurera dans les diverses combinaisons générales, pour se prêter à toutes les circonstances de la guerre.

Voici quelles sont les combinaisons qu'amènera l'emploi de ces équiparmes.

Nouvel équipement du soldat. — Chaque soldat reçoit un équiparme. Cet appareil remplace d'abord le havresac actuel, et offre l'avantage d'être imperméable et de se prêter aux variations de volume des effets et denrées que le soldat pourra mettre complétement à l'abri.

Pour remplir cette fonction de havre-sac, l'équiparme portera, au centre du fond inférieur, une plaque de substance gomme-organique afin de soulager le dos du soldat, puis les courroies nécessaires ou bretelles pour se fixer autour des épaules ; ensuite il aura quatre à huit courroies mobiles qui passeront dans les boucles des fonds et des cadres du pourtour ; ces courroies seront fixées également à la distance voulue, pour que les fonds soient bien appliqués contre les objets de l'intérieur ; une dernière courroie centrale maintiendra le couvercle du havre-sac.

Cet équiparme remplacera aussi quelques effets de campement, tels que les bidons, sacs et autres objets.

Pouvant contenir un volume de 140 litres, n'étant pas exposé à être brisé, faussé ni oxydé ; étant composé au contraire de matières inattaquables, il maintiendra la pureté et la fraîcheur, puis il offrira, pour les approvisionnements de liquides, de denrées sèches et de munitions, des facilités de transport et de conservation dont on n'a pas idée aujourd'hui.

Il faut observer, en effet, que l'équiparme, étant rempli

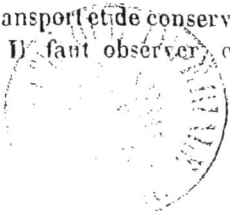

et maintenu rigide par des tiges de fer qui passent dans les boucles de son pourtour, formera un véritable tonneau, que les administrations des vivres, du campement, de l'artillerie, etc., peuvent transporter, avec des mulets, des voitures ou des bateaux, et distribuer tels quels aux corps de troupe. Un grand avantage, c'est que l'équiparme, qui aura contenu les denrées distribuées aux soldats, pourra rester en service dans les corps pour une foule d'usages, ou rentrer dans les magasins d'approvisionnement.

Nouvel élément cellulaire de construction. — L'équiparme de chaque soldat, comme des services spéciaux, offre l'avantage de donner immédiatement et partout, quel que soit la nature du terrain, sable, terre, gravier, boue, eau ou rochers nus, des éléments de construction pour les assiettes et le couvert; il remplacera ainsi, dans la plupart des circonstances, les gabions, fascines, caisses, sacs, outils, dont l'emploi est très-précaire. Il est évident en effet que, quelle que soit la matière de remplissage, solides durs ou pâteux, eaux ou autres liquides, air ou gaz comprimés par l'explosion de charges de poudres, l'équiparme, imperméable et solidifié dans son volume, donnera un élément constituant, que l'on disposera comme l'on voudra dans une masse générale de construction pour le couvert et l'appui.

Les hommes isolés et les corps de troupes peuvent ainsi faire un bon usage des équiparmes, des tringles de fer et des toiles que les soldats portent avec eux; de plus, dans l'ensemble des constructions que les corps de troupes et les services spéciaux peuvent avoir à élever, on joindra les équiparmes de troupe à ceux des parcs d'approvisionnement.

Nouveau système de campement. — L'équiparme permet aux armées de camper et même bivouaquer à l'aise et d'une manière saine, sur tous les sols, depuis l'eau jusqu'aux marais et rochers nus. Cet appareil, en effet, étant rempli en tout ou en partie de matières qui composent le

sol, ou mieux d'air et de gaz, procure une assiette qui sous-
trait le corps du soldat aux influences mortelles du contact
du sol pendant de longues heures. L'homme isolé, comme
une sentinelle perdue, peut se procurer partout ce bienfait
avec son équiparme. Les corps de troupes, en réunissant
plusieurs de ces appareils par des tringles de bois ou de fer,
puis par des cordes et des toiles imperméables de couvertures,
peuvent s'organiser partout des assiettes excellentes de campement. Ainsi, désormais, les corps de troupes peuvent facilement camper, même au milieu de marais ou d'inondations.
Il suffit, en effet, d'ouvrir les équiparmes, de les remplir de
boue, d'eau ou d'air et de gaz, puis de les fermer hermétiquement; alors on les enfonce en les assujettissant entre eux,
de manière à former plusieurs couches qui reposent sur le
fond solide, ou bien qui flottent comme de grands radeaux
que l'on fixe par des ancres.

Noúvelles ambulances. — Pour les hôpitaux et ambulances, soit fixes, soit mobiles, sur tous les terrains, ces équiparmes procurent pour les malades et les blessés des lits élastiques, aérés, sains ; et ils serviront encore pour les approvisionnements des denrées, les dépôts de refus, la ventilation des
appartements.— En route et sur le champ de bataille, les
hommes isolés, comme les corps de troupes, auront immédiatement à leur disposition des assiettes et des transports pour
les éclopés, les malades, les blessés, au moyen de leurs équiparmes disposés en civières à bras d'hommes, ou en cacolets
de chaque côté d'un cheval, ou dans les voitures.

Nouvelles routes dans les marches. — Arrivés devant certains grands obstacles de fossés, de mauvais pas, de
marais, d'inondations...., les corps de troupes, aidés par les
services du génie, de l'artillerie, etc., pourront avancer
sans s'arrêter, en construisant des chaussées avec leurs équiparmes, combinés avec des tringles, des toiles et autres matières que fourniront les localités. Ces chemins seront, sui-

vant les circonstances, ou bien des voies superficielles et
flottantes, ou bien des chaussées massives et à plusieurs
rangs superposés d'équiparmes : il faut observer qu'à mesure
qu'un corps de troupes avance, un détachement d'arrière-
garde replie les éléments de la chaussée et les fait passer de
main en main jusqu'au détachement d'avant-garde, qui les
emploie pour pousser en avant la tête de chaussée. Le corps
avance ainsi, sans retard, et en ne laissant derrière lui aucune trace et aucun moyen pour l'ennemi.

Nouvel équipage hydraulique. — Les équiparmes
offrent aux hommes isolés, comme aux masses de troupes et
aux plus lourds caissons de l'artillerie, des moyens immédiats de traverser les inondations, les lacs, les fleuves ou
même les bras de mer. Ainsi, des hommes isolés, comme
dans des lignes de tirailleurs, par exemple, peuvent s'asseoir,
avec armes et bagages, sur leur équiparme qui peut supporter jusqu'à 140 kilog., et navigueront ainsi en combat-
tant sur l'eau. Un obusier de montagne et des munitions peuvent aussi être transportés sur un appareil isolé et rempli
d'air. Des animaux, des voitures, peuvent être enfin lestés
par l'attache de quelques équiparmes.

Pour les transports de petits détachements, comme réserves de tirailleurs, postes, etc., fragments de compagnie,
les troupes peuvent parfaitement y suffire directement avec
leurs équiparmes accouplés et groupés de diverses manières.

Quant aux grands transports, qui rentreront dans les attributions d'un service spécial comme l'artillerie, le génie, ils
nécessiteront la réunion de trois parties : 1º Une carcasse à
cellules, composée généralement de barres de fer réunies
entre elles par des boulons à clavette ; 2º remplissage de ces
cellules par des équiparmes remplis d'air, et qui pourront
être établis sur une, deux, trois ou quatre couches ; 3º massifs de traverses avec grillage métallique, toiles, planches
ou graviers, pour le passage et le dépôt des objets à transporter. Avec ces nouveaux principes de composition, on fera

varier les dimensions, les dispositions et ajustages de toute espèce de manières, et l'on obtiendra des bateaux plats ou profonds, pour établir l'artillerie ou les troupes, en raison de l'effet que l'on désire.

Quant aux équipages permanents de ponts, les bateaux seront remplacés par des radeaux construits sur place et contenant des groupes d'équiparmes étagés. Ces appareils, avec la carcasse et le tablier, étant composés d'éléments de faible volume et de faible poids, le tout sera transporté dans des voitures ordinaires, ou même à dos de mulets. Ces équipages de pont, qui se prêteront à une foule d'emplois et qui seront sans cesse alimentés par les troupes, arriveront donc, comme et quand on voudra, avec les troupes, pour les passages en masses et rapides. De plus, les pontons ou bateaux seront peu exposés à la destruction par les projectiles ennemis.

Équipages de chemins de fer. — Il n'est pas besoin d'insister sur les avantages que des chemins à lignes de fer peuvent donner dans les conditions d'installations, de marches, d'attaque et de défense pour les armées. C'est surtout dans les campagnes dépourvues de tout chemin solide, dans les terres et dans les boues des camps et des tranchées, où les hommes, les animaux et les voitures se trouvent arrêtés, que ces chemins paraissent indispensables; l'exemple de Sébastopol est décisif à cet égard.

Je propose l'adoption d'un équipage permanent de chemins de fer, qui sera d'autant plus avantageux qu'il n'amènera pour les armées que très-peu de charge et d'approvisionnement matériel. Il ne s'agit pas en effet des colosses de chemins de fer à locomotives de 50,000 kilog., mais seulement de petites voies à lignes de fer qui seront posées sur le terrain, pour le temps très-court de passage de convois continus et peu lourds.

Les équiparmes permettent d'établir les lignes de support pour les rails, rapidement, solidement et sur tous les terrains; les sommets de ces équiparmes sont reliés entre eux par les tringles de fer que portent les troupes, ainsi que les voitures de réserve, des services spéciaux ; ces barres de fer sont ajustées entre elles par leurs extrémités, en les combinant au besoin avec des bouts de plaques élastiques, de manière à obtenir des lignes continues de rails que l'on ajuste et désajuste rapidement. Les châssis des chariots pourront être faits aussi avec les tringles portatives de fer ; quant aux roulettes à gorge et peu pesantes, avec quelques boulons, elles seront fournies d'une manière spéciale dans le matériel d'approvisionnement. Du reste, quand on voudra des chemins de fer plus solides et plus mécaniques, on emploiera les fortes tringles, les nœuds et plaques, que les services spéciaux portent pour les batteries, les tranchées, les équipages de pont ; et les roulettes pourront servir pour les brouettes, les chariots, et aussi pour les supports de traction, au moyen de câbles à mouvement continu ou de règles à mouvement alternatif. Enfin on peut avoir une ou plusieurs locomobiles, pour la traction mécanique, et pour une foule d'emplois précieux dans les travaux d'une armée.

Nouvelle guerre sur l'eau.—Les armées sont pourvues de moyens pour agir rapidement, avec énergie et en masse, dans la guerre de côtes, de lacs, de rivières, pour l'attaque comme pour la défense. Elles peuvent, en effet, organiser directement des radeaux de toute dimension, de toute forme et de toute force, sur lesquels les corps de troupe massifs, les tirailleurs, les batteries de tout calibre et de tout nombre, seront facilement établis. Tous ces groupes d'action, n'étant exposés que très-peu aux ravages du feu de l'ennemi, puisqu'un projectile ne détruira qu'une ou deux cellules, peuvent être manœuvrés à bras d'hommes, ou même par des impulsions mécaniques ; et à ce sujet je propose l'explosion réglée de charges de poudre. Une armée peut se présenter ainsi en bataille sur l'eau, et combiner tous les éléments d'attaque et de défense qu'elle jugera convenables, au moyen de marches, de détachements, de débarquements, de réserves, etc., comme elle voudra.

Nouveaux retranchements et nouvelle guerre.
— Dans la guerre de siége, comme dans la guerre de position et dans celle de campagne, l'équiparme permettra d'établir, partout et avec une rapidité précieuse, des lignes d'assiettes, d'épaulements et de cheminements, qui serviront à se cacher de la vue de l'ennemi, à se couvrir contre ses coups, à s'établir dans des positions dominantes; et ce qu'il y a de plus remarquable, c'est que l'équiparme permet de remplir ces conditions générales sur tous les terrains, même sur ceux dont la nature rend impossible aujourd'hui toute espèce d'opération, comme les inondations, les marais, les rochers nus, etc... Ces lignes de retranchements pourront recevoir l'étendue, l'épaisseur et toutes les formes que l'on voudra, en combinant l'équiparme avec des tringles de bois ou de fer, ou bien en l'employant sans autre agrès.

De là résultent quatre conséquences importantes, savoir : 1° Dans toutes les opérations de la guerre, le soldat et les corps de troupe pourront et devront bien s'assurer et bien se couvrir pour l'action : ainsi, même pour les assauts, ils pourront, en gonflant ou remplissant les équiparmes, les jeter dans les fossés pour les combler, les disposer en rampes pour l'escalade, les poser sur le sol et s'en servir comme d'une gabionnade volante, pour abris et pour créneaux. 2° Les systèmes de retranchements et de fortifications, qui se regardent comme bien couverts aujourd'hui par des marais, des inondations, etc., sont attaquables, par ces points comme par les autres, et doivent se modifier. 3° La capacité des troupes pour attaquer les obstacles matériels augmente considérablement : toutes les positions deviennent accessibles pour l'assiette et pour le combat. 4° L'emploi des retranchements qui couvrent les combattants devient d'un usage facile, nécessaire et général, pour garantir et augmenter la valeur de l'homme à la guerre; la construction des fortifications et batteries peut être faite rapidement et partout dans des conditions toutes nouvelles.

Résumé.— Arrêtant là les indications sommaires sur les nouvelles inventions et applications qui constituent la nou-

velle institution de l'équiparmerie dans la guerre, on peut
dire que la sphère d'action des armées contre les obstacles
matériels s'étend et se renforce considérablement. Désormais
les troupes, pourvues d'appareils très-simples et très-porta-
tifs, peuvent bien s'installer et bien agir partout, même sur
les terrains qui étaient inaccessibles jusqu'alors; les armées
sont débarrassées d'un encombrement énorme de matériel
sans valeur; enfin la liaison d'unité s'établit entre tous les
services. En résumé, la capacité du soldat s'étend considérablement et redevient la véritable base de l'état militaire.

Il y a dans l'ensemble des nouveaux aperçus qui constituent l'équiparmerie tout un monde nouveau pour la conservation et pour la force des armées. Aussi ne saurais-je trop
recommander à tous les militaires et autres hommes sérieux
de porter à mes propositions leur attention la plus réfléchie.
Le mauvais équipement général paralyse, dégrade et ruine
les armées. Rappelons-nous que dernièrement l'armée française, que l'on savait la mieux soignée et la mieux équipée,
a eu 63,000 morts dans les hôpitaux de la Crimée et de Con-
stantinople, sans compter tant d'autres milliers de braves
qui ont été enterrés dans les terrains de Varna, de Gallipoli,
de la Dobrutscha, et dans les tranchées boueuses de Sébastopol; sans compter aussi ceux qui sont venus mourir sur les
vaisseaux de transport et dans les hôpitaux de France.

V. — BREVET GÉNÉRAL POUR LA COUVRARMERIE. —
FORTIFICATIONS ET BATTERIES.

J'ai suffisamment indiqué, dans les chapitres précédents,
les inconvénients généraux des fortifications actuelles et les
principes généraux qui doivent présider à la révolution com
plète que demande cette partie considérable de l'armement
général. Pour faire ressortir la différence radicale qui doit
exister entre le système actuel, où tout est massif, inerte et
écrasant, puis entre le nouveau système, où tout doit être

mobile, actif et vivifiant, j'ai appelé ce dernier système du nom de *fortification circulante*.

Ce que j'ai à proposer est tellement en dehors de ce qui existe, de ce que l'on enseigne dans les écoles et dans les livres, enfin de ce que l'on exécute tous les jours, que je ne saurais trop engager les ingénieurs, les autres militaires et les hommes d'État, à se rendre compte de mes descriptions sommaires et techniques.— Sans plus discuter en ce moment, j'entre immédiatement en matière.

Nouveau système de données et de bases générales. — Je supprime les fronts bastionnés avec tous les systèmes de dehors et ouvrages plus ou moins compliqués de formes, que l'on emploie aujourd'hui, et je base tout établissement de fortification sur les simples règles suivantes :

1° Lignes *parallèles* droites, courbes ou brisées ; 2° lignes *capitales* généralement droites, qui vont de l'enceinte à l'ennemi, vers les points importants de la campagne ; 3° lignes *obliques*, qui sont droites, courbes ou brisées.

2° J'admets les données suivantes : bonne portée de 450 mètres pour les jetarmes de troupes ; bonne portée de 1100 mètres pour les jetarmes de chevalet, analogues au fusil de rempart ; bonne portée de 2,500 mètres pour les jetarmes d'artillerie. J'admets aussi qu'à ces distances les projectiles lancés par les jetarmes auront, dans tous les milieux, une pénétration triple de celle des projectiles tirés par les armes actuelles des troupes et de l'artillerie.

3° J'établis que toute partie de fortification permanente doit satisfaire aux conditions de la défense à ciel ouvert et souterraine, aux conditions de la circulation couverte et découverte, aux conditions de défilement et d'abris blindés pour le matériel et pour les troupes, puis aussi à la faculté de servir de tronc ou de centre à tout système de ramification défensive que l'on voudra combiner.

4° J'établis enfin que, tout en utilisant le plus possible les terres, les maçonneries, les bois, les eaux, comme cela a lieu aujourd'hui, on s'adressera aussi aux forces physiques et mécaniques, aux constructions de fer et de poteries diverses, dispositions et substances nouvelles que l'industrie emploie journellement dans ses constructions.

Nouveau système de profils. — J'abandonne le système de profils des fortifications actuelles, et j'établis les nouvelles dispositions qui suivent, pour les profils des lignes parallèles, des lignes capitales, des lignes obliques, puis aussi pour les profils de départ pendant la paix, et pour les modifications successives qu'ils éprouvent en raison des opérations de la guerre.

Le profil d'une ligne capitale est déterminé comme il suit pour le temps de paix :

Le fossé a $6^m,00$ de largeur et $6^m,00$ de profondeur ; l'escarpe et la contrescarpe sont en maçonnerie; le fond est solidifié par des maçonneries, des bitumes, des bois, des pavés, de manière à pouvoir servir de chaussée de circulation ou d'écoulement. Du milieu des fossés s'élèvent des pilastres en maçonnerie, poteries, bois ou fonte, qui se trouvent réunis au sommet par des longuerines dont la face supérieure est au niveau des murs d'escarpe et de contrescarpe. Les sommets de ces murs s'arrêtent à $1^m,00$ au-dessous du sol naturel. Sur ces sommets, ainsi que sur les longuerines, sont des traverses en bois ou en fer, combinées avec des poteries, de la maçonnerie, des bois et aussi quelques plaques de substances gomme-organiques, de manière à former un plancher un peu élastique. Sur ce plancher sont établies des couches de terre, puis des pierrailles pour une chaussée en macadam, et dont l'élévation moyenne se trouve à hauteur du sol. Cet ensemble forme un blindage pour le fossé, qui peut tenir à couvert les hommes, le matériel et les transports. La chaussée avec trottoir a $15^m,00$ de largeur, et son milieu correspond au plan milieu du fossé; de chaque côté s'élèvent des terres avec talus à 45° jusqu'à la hauteur de $2^m,50$. On a ainsi deux crêtes parallèles et qui se raccordent de chaque côté

avec le sol par des plongées au dixième. On peut voir
que les remblais seront fournis par les déblais du fossé, des
maçonneries et traverses, en tenant compte du foisonnement
des terres.

Lors des préparatifs, et pendant les opérations actives du
siége, on fera subir à ce profil les modifications que l'on voudra : ainsi, on peut rapidement tailler les talus intérieurs en
banquettes pour l'infanterie, ou en plates-formes pour l'artillerie, ou en traverses pour les défilements ; ainsi encore, on
peut supprimer la chaussée, en mettant le fossé à ciel ouvert
et démolissant les piliers, les longuerines et traverses. Tous
les matériaux provenant de ces démolitions pourront être
employés à divers usages, notamment pour faire des batteries blindées le long des parapets ; pour créer un parapet
transversal qui s'appuie sur les deux latéraux ; enfin, pour
renforcer un des parapets latéraux, de manière à transporter
son intérieur de défense du côté opposé : alors on retombe
dans le cas des profils ordinaires avec fort épaulement, fossé
ouvert, chemin couvert et glacis en plongée. Les plans indi-
quent les dimensions précises dans ces variations principales
du profil.

Pour les profils des parallèles et notamment du corps de
place, on a les mêmes dimensions et les mêmes dispositions
de fossés et de routes. Les talus naturels de chaque côté ne
s'élèvent que jusqu'à la hauteur de 1^m,50. La crête du glacis
du côté de la campagne se raccorde avec le sol par un talus
au dixième. Du côté opposé de la crête du talus extérieur,
part la plongée au sixième d'un parapet, qui a 7^m,00 d'épaisseur, et dont la crête intérieure, située à 2^m,65 au-dessus
du sol, se raccorde avec le terre-plein par un talus naturel,
soit à 45°.

Suivant les époques du siége, ce profil peut être modifié
ainsi : le talus naturel intérieur du grand parapet sera taillé
en banquettes pour l'infanterie, en plate-forme pour l'artillerie, ou en traverses ; il en est de même pour le talus intérieur du glacis. D'un autre côté, on peut, tout en conservant la

plus grande partie de la circulation sur la route, s'enfoncer au-dessous de la crête du glacis, jusqu'au niveau du sommet de la contrescarpe, et avoir un passage de $4^m,00$ de largeur, en laissant suffisamment de terres pour le blindage du fossé; enfin, quand l'ennemi avance, on supprime la couverture et les piliers de ce fossé. Les matériaux et les terres sont employés à renforcer autant qu'on le voudra et à blinder le parapet du corps de place et du chemin couvert; alors on aura, dans des proportions de force considérable, grand parapet, fossé de 5^m00 de profondeur, chemin couvert avec terre-plein bien battu de 7^m80, enfin glacis, comme dans les profils des fortifications actuelles.

Il est une autre espèce de profil, que j'appelle profil d'écoulement capital, et qui se compose d'une simple chaussée avec trottoirs et fossés latéraux de $1^m,00$ au plus de profondeur; les fonds de ces fossés se raccordent doucement avec les pentes des terrains ou glacis adjacents. Ces chaussées seront tenues aussi basses que possible.

Entre ces trois systèmes de profils, on peut combiner toute espèce de profil mixte que l'on jugera nécessaire.

Nouveau système de tracés. — Soit à créer, en terrain horizontal, une place dont l'enceinte a 4,000 mètres de diamètre, et par suite une circonférence de 12,500 mètres.

Je prends pour ligne de tracé, c'est-à-dire pour ligne magistrale, le milieu du fossé.

J'adopte pour tracé du corps de place soit la circonférence même, que je partage en arcs de 500 mètres de longueur, soit les côtés en ligne droite d'un polygone de vingt-cinq côtés, qui est intermédiaire entre le polygone inscrit et le polygone circonscrit de ladite circonférence. Le long de ce tracé, j'établis le profil indiqué pour les lignes parallèles du corps de place. Ce profil donne une crête intérieure de parapet, distante de $19^m,50$ de la ligne magistrale du fossé, et une crête de glacis distante de $11^m,50$ de la même magistrale.

Du centre de la place, je mène à chaque division de la

circonférence, ou à chaque angle du polygone, des rayons qui
se prolongent de 1000 mètres dans la campagne, en dehors
du mur d'enceinte. Ce sont là les lignes capitales ou flancs de
la défense générale. J'y établis le profil indiqué précédemment ; il donne deux crêtes de glacis, qui sont parallèles et
éloignées de 10 mètres de la magistrale du fossé.

Du milieu de chaque arc, ou de chaque côté de 500 mètres
de l'enceinte, partent d'autres rayons qui vont dans la campagne, et qui forment comme le thalweg des pentes contraires
de glacis partant des deux capitales de droite et de gauche.
Suivant ces thalwegs, que l'on tient aussi bas que possible, on
établit le profil de chaussées, avec canaux latéraux dont il a été
parlé plus haut. Ce sont là les capitales d'écoulement et de
sortie.

Pour compléter ce tracé, j'admets que, de 250 mètres en
250 mètres, sur chaque capitale, on développe une circonférence ou un polygone concentrique à la circonférence ou au
polygone du corps de place. Ces enceintes avancées seront
généralement tracées par des chaussées, avec petit parapet
en glacis du côté de la campagne.

La réunion de ces différentes lignes des profils détermine
le tracé général des fortifications, dont toutes les parties se
voient et se flanquent parfaitement à des distances de 250
à 1,000 mètres, sur un nombre et sur une étendue de lignes
de feu considérables.

Nouvelles places d'armes. — Les points de rencontre
de ces grandes lignes capitales et parallèles déterminent naturellement des places d'armes de diverses sortes, dont la
constitution et l'action doivent exercer une influence de premier ordre sur l'ensemble de la fortification.

Au corps de place, la rencontre des deux fossés forme une
croix souterraine, dont les angles sont remplis de manière à
former une place carrée de 30 mètres de côté, avec piliers.
Le carré central, de 6 mètres, peut être occupé par un esca-
lier fixe ou mobile de 1m,50 environ de largeur, pour monter

7

sur le terre-plein de la place d'armes supérieure. Au-dessus
de ce terre-plein s'élève une tour avec créneaux, puis avec
une plate-forme à 3m,00 au-dessus du sol, pour des pièces
d'artillerie, et surtout pour de grosses armes de chevalet à
très-longue portée; les créneaux, la porte et l'ouverture supérieure de la tour servent pour l'aérage et l'éclairage des places
d'armes et des fossés couverts.

Cette tour, placée au croisement des magistrales du corps
de place et de la capitale, flanquera les longues lignes fortifiées et servira de réduit à une place d'armes supérieure, laquelle sera formée en avant par la rencontre des crêtes de glacis. Dans chaque angle extérieur de rencontre, on taillera
un cavalier, qui sera déterminé par deux flancs, l'un
de 25m,00 perpendiculaire à la crête de la capitale, l'autre
de 20m,00 perpendiculaire à la crête du corps de place, puis
par un pan coupé de 5m,00 pour la réunion de ces deux
flancs. La crête de ce cavalier est à 3m,00 au-dessus du sol.
Elle se raccorde avec lui, du côté de la campagne par un
glacis au dixième, du côté de la place par un talus à 45°.

Dans la dernière période du siége, avec les matériaux provenant du découvrement du fossé, on fera des parapets très-
forts et blindés pour barrer les chaussées et rattacher ces parapets à ceux des cavaliers. Alors on aura une place d'armes
avec un terre-plein libre de 3,800 mètres, une chaussée en
arrière, une tour de réduit et de communication avec le fossé,
enfin, le parapet du corps de place, qui formera retranchement postérieur et flanquant parfaitement le terre-plein.

Sur le corps de place, au point de rencontre des chaussées de sortie en capitale, il y a encore deux places d'armes
superposées, avec réduit. Dans les deux angles de rencontre
des chaussées supérieures, on établira, en avant, deux
flancs de 20m,00 et de 15m,00, avec pan coupé de 5m,00, la
crête étant à 2m,50 au-dessus du sol.

En avant du corps de place, de 250m,00 en 250m,00 sur les
capitales, on établit des places d'armes couvertes et découvertes par des dispositions semblables. Pendant les opéra-

tions, les cavaliers des angles sont réunis par des parapets qui coupent les chaussées. On a alors de vastes redoutes, qui flanquent et sont flanquées de tous côtés, qui pourront rester ouvertes ou fermées à la gorge, avec réduit et place d'armes inférieure. Il va sans dire que les places d'armes de l'extrémité des capitales, sur les dernières limites de la fortification, auront toujours leur partie antérieure fermée par un parapet en angle ou en arc de cercle.

Ce système complet de places d'armes, présentant tous les avantages comme centre de dépôt, de retranchement et de circulation, forme les véritables nœuds du système général de fortifications, lequel embrasse, dans son réseau d'action efficace, plus de vingt millions de mètres carrés, en dehors du corps de place.

Nouvelles conditions de défilement. — Aucune partie du corps de place ne peut être enfilée par les vues de l'ennemi : toute l'enceinte se trouve donc à l'abri du ricochet. La saillie des longues fortifications en capitale rend impossible toute espèce d'établissement de batterie pour cet objet, d'autant plus que, dans le cas ordinaire de terrains accidentés, on dirigera ces capitales suivant le contour des crêtes dominantes.

Il est vrai que le tracé des capitales se présente à l'enfilement ; mais il est certain que la double ligne de glacis, les cavaliers des places d'armes, les parapets en travers de la chaussée, les traverses avec passages, les blindages pour troupes et batteries, que l'on pourra établir partout où l'on voudra, et au moyen principalement des matériaux provenant des fossés et des travaux latéraux, il est certain, dis-je, que tous ces moyens permettront de détruire les effets d'enfilement et de les réduire à quelques coups d'écharpe extrêmement limités. Du reste, il va sans dire que, pendant le siége, les communications et dépôts se feront surtout au moyen du fossé couvert.

7.

Nouvelles conditions pour la guerre de mines.
On doit être frappé de voir combien ce système de fossés couverts, en parallèles et capitales, se prête à un développement
considérable et bien coordonné de la guerre des mines, dont
l'action continue et facile peut rayonner à plus de mille
mètres en avant de la place. En outre de ces grandes gale-
ries, on amorce dans les angles des places d'armes des gale-
ries en diagonales ; de plus, dans la construction des murs
de fossé, on a soin de ménager un double étage d'ouvertures
en voûtes et espacées de 30 mètres en 30 mètres ; alors l'action par les mines à plusieurs étages peut être répandue tout
autour des fortifications à des distances considérables. Du
reste, je propose un très-grand progrès dans la guerre de
mines, en remplaçant le bourrage actuel, qui est long,
encombrant et mauvais, par le bourrage instantané, au
moyen de cadres en bois ou en fer à bandes et à tampons
élastiques.

Nouvelles communications. — Le système de communication est complet, large et assuré. Les routes à ciel ouvert,
bien couvertes et bien défendues par les retranchements, établissent la sûreté et la facilité des communications à l'air libre ;
en outre, la circulation couverte dans les fossés est complète et
assurée pour tous les instants du siége, à l'abri des terribles
projectiles de l'artillerie nouvelle ; enfin, la liaison entre les
deux systèmes de communications, couvertes et découvertes,
est établie facilement par de larges escaliers placés dans les
réduits de places d'armes, puis aussi par des rampes de 4^m,00
de largeur et un quinzième de pente. Ces rampes sont établies sur les côtés des places d'armes, le long des capitales,
de manière que leurs débouchés à l'air libre soient couverts en
avant par la masse des fortifications et flanqués en arrière
par le feu de toutes les lignes capitales et parallèles. Quant
aux rampes du corps de place, elles sont dans le sens des
parallèles et partent du terre-plein pour s'enfoncer jusqu'au
sol de la place d'armes souterraine. L'entrée des rampes dans
les places d'armes sera défendue par une forte barrière.

Nouvelles installations couvertes.—La multiplicité de projectiles creux et de tirs courbes à de grandes distances exige que la fortification possède beaucoup d'installations couvertes. Les fortifications actuelles en sont à peu près dépourvues. Le système que je présente en offre de considérables pour le matériel et pour le logement des troupes, non-seulement dans les places d'armes, mais encore en long, dans le fond des fossés qui, en admettant un passage de 2m,50, laisseront une largeur de 3m,50 pour l'installation ; sans compter encore la faculté d'étendre ces installations sur les flancs, autant qu'on le voudra, comme amorces d'ouvrages que l'on construira pendant le siége.

En fait de blindage, on ne l'obtient guère aujourd'hui que par la masse de maçonneries, de terres et de fortes pièces de bois. Je propose le nouveau principe de faire consister sa valeur moins dans l'épaisseur et la rigidité que dans l'élasticité. Alors on emploiera des poutrelles de fer dont on augmentera beaucoup l'élasticité, en les faisant reposer sur des traverses et en interposant des plaques élastiques, qui reposent elles-mêmes sur les obstacles fixes; ensuite, on combinera les couches de terre avec des planches, toiles, plaques et grillages métalliques, bétons, bitumes, suivant les circonstances; tout en donnant l'imperméabilité, ces dispositions établiront la solidarité, de manière que le choc du projectile s'affaiblira, en répendant sa force vive sur une grande surface, et en faisant réagir une grande étendue d'élasticité.

Nouvelle défense intérieure, citadelles. — Dans le système général de la couvrarmerie actuelle, on admet qu'après la prise de l'enceinte, l'énergie et l'habileté du chef doivent suffire pour tirer parti des circonstances d'installation de la ville libre : en conséquence, rien n'est établi d'une manière réglée et permanente pour cette défense intérieure. C'est là un défaut déplorable. Pour y remédier, j'établis le nouveau principe que la défense intérieure doit être organisée et installée jusqu'au centre de la ville, comme la défense extérieure est organisée depuis le corps de place jusqu'à 1,000 mètres dans la campagne ; et pour en venir là, on appliquera à cet intérieur les principes de dispositions que j'ai indiquées pour l'extérieur.

Ainsi, considérant toujours la ville dont le rayon est de 4,000 mètres, on établit au centre une vaste tour ronde ou polygonale de 60^m,00 environ de diamètre, qui présentera divers étages blindés avec créneaux, puis une plate-forme supérieure pour l'action de l'artillerie et des troupes. Cette tour, dont l'extérieur sera disposé suivant les conditions de flanquement que l'on désirera, repose sur des fondations en voûtes blindées, qui s'étendent aussi sous le sol d'une place environnante, avec bordures de plantations et verdures sur talus qui pourront être disposés facilement en glacis et parapets. La zone de cette place circulaire ou polygonale aura 120^m,00 de largeur.

A cette place centrale aboutissent directement six capitales qui forment de larges boulevards de 35^m,00, jusqu'à l'enceinte. Entre la citadelle centrale et le parapet d'enceinte, il y a deux boulevards circulaires de 35^m,00 de largeur et éloignés de 700^m,00 l'un de l'autre. Du premier boulevard, vers le centre, partent six autres capitales formant grande rue de 30^m,00 de largeur jusqu'à l'enceinte. Enfin, du deuxième boulevard partent douze autres capitales formant des rues de 25^m,00 jusqu'à l'enceinte.

Sous le milieu des chaussées de ces rues et boulevards, sera le fossé couvert ; il servira pour tous les tuyaux de conduite nécessaires à la ville, et pour la circulation souterraine. Aux points de jonction seront établies des places d'armes souterraines et supérieures à l'air ; en temps de paix elles serviront librement pour les postes de garde et de police, pour les promenades ; en temps de siége, et surtout pendant les dernières périodes, elles se transformeront en redoutes, forts et cavaliers.

Les populations et les troupes auront ainsi, jusqu'à la dernière limite, des abris pour eux, pour leur matériel et leurs provisions, puis des fortifications à action puissante et assurée. On pourra donc prolonger la défense jusqu'à des limites qui fatigueront les plus fortes armées envahissantes.

Nouvelles batteries et tranchées. — Aujourd'hui ces travaux ne se font qu'avec des masses de terre, puis des entassements de fascinages et de bois équarris : or, ces choses ne se trouvent pas toujours, et elles entraînent dans tous les cas à des travaux et à des retards énormes pour être mises en jeu.

Je propose le nouveau système d'emporter avec soi les cadres tout façonnés d'épaulements des batteries; ce sont des barres de fer qui s'ajustent rapidement sur place, en présentant des arcs-boutants et des traverses, sur lesquels reposent immédiatement, avec solidité et au-dessus du sol, les pièces et les hommes, à un ou plusieurs étages. Des petites fascines, des toiles appuyant contre un grillage, des plaques de tôle ou de bois, forment le revêtement intérieur, et au besoin l'extérieur. Dans quelques cas, les embrasures peuvent être formées de feuilles de tôle, formant cercles de différents diamètres, pour donner un cône. Cette carcasse étant dressée sur l'emplacement de la batterie, des fossés seront pratiqués en avant et en arrière, à droite et à gauche, pour fournir avec rapidité les terres de remplissage. Dans les terrains de boues et d'inondation, on dressera aussi ces batteries et on comblera rapidement le coffre au moyen d'équiparmes remplis d'eau ou de boue; de simples sacs en toile imperméable pourront suffire. L'air et les gaz enfermés dans les enveloppes peuvent aussi fournir des volumes qui auront l'avantage de procurer de l'élasticité pour certaines dispositions.

Ce que je viens de dire pour les batteries peut s'appliquer aussi à la construction des tranchées.

Il n'est pas besoin d'insister sur la valeur immense de la conquête que font les armées par ce nouveau système de tranchées et de batteries, qui est prêt partout et sans perte de temps, dont les éléments sont peu volumineux, faciles à

monter et à démonter, et qui peut être établi avec une rapidité
extrême sur tous les terrains, même sur les boues, les eaux,
les rochers, que l'on regarde comme impraticables aujour-
d'hui.

Nouveau système d'attaque et de défense. — Le
lieu n'est pas ici de développer le nouveau système d'attaque
et de défense que comportent, non-seulement le nouveau système de fortifications, mais aussi le système des places actuelles, *qui doit nécessairement tomber, ou se transformer,
sous les coups du nouvel armement, comme sont tombées les
murailles des villes et des châteaux du moyen âge sous les coups
de l'artillerie à feu.*

Je me contenterai d'établir les nouveaux principes suivants :

L'attaque et la défense procèdent d'une manière tout à fait
semblable. L'immense avantage de la défense, c'est qu'elle
est préparée dans les meilleures conditions possibles ; qu'elle
a partout des points d'appui, de dépôt, de couvert, de communication, d'approvisionnement, qui la rendent maîtresse,
par le feu et par l'activité, de toutes les parties d'un vaste
champ de bataille.

L'attaque doit se mettre dans les mêmes conditions ; à cet
effet, elle se ménagera de suite de vastes parallèles, avec
fossés blindés et chaussée couverte, avec chaussée supérieure, avec parapet et glacis du côté de la place ; puis avec
grandes places d'armes souterraines et supérieures, pour les
troupes et les approvisionnements de toute sorte pour l'action
couverte et découverte. Ces places d'armes serviront de points
de départ pour les cheminements, dont les principaux seront
en ligne droite et capitale vers les points d'attaque. Ces cheminements de bout se feront par des fossés qui se blinderont
en avançant, et dont les terres formeront parapet et glacis à
droite et à gauche.

Placées dans les mêmes conditions générales de parallèles
et de capitales, la défense et l'attaque se combattront constamment, en multipliant les ouvrages à découvert et blin-

dés, puis les fourneaux de mines, suivant toutes les directions, obliques, de flanc, de face, de commandement que l'on voudra ; en entretenant une activité incessante de circulation générale de troupes et de moyens matériels, en élevant rapidement des systèmes concentrés de batteries, enfin en amenant le choc de forces qui se précipiteront ou manœuvreront dans des sorties.

Ainsi le caractère essentiel du nouveau système de défense et d'attaque est le suivant : Ne considérer les fortifications permanentes et les premiers grands travaux de l'attaque que comme les troncs ou grandes artères, dans lesquels sont concentrés, à l'abri et avec une faculté puissante d'activité et de circulation, tous les éléments de troupes et de matériel qui peuvent se déplacer et se combiner de toute manière, sur les terrains intermédiaires et aux diverses époques du siége, dans toutes les opérations, pour se combattre sous terre, à couvert et à découvert. Alors les armées, toujours en travail et en lutte, forment, par la série des constructions et démolitions, des lignes et batteries, des explosions, assauts et luttes corps à corps, qu'elles pratiquent sur ce même sol, forment les rameaux, les branches et les fruits du système général de la guerre de siége ou de couvrarmerie.

Avantages pour les populations.—Une place fortifiée, avec ses fossés couverts de l'enceinte, des places d'arme et des capitales défensives, avec ses parapets et glacis, avec ses grandes routes supérieures, avec ses simples routes de sortie suivant les autres parallèles et capitales ; enfin un pareil système de vastes et puissantes fortifications, non-seulement ne gêne en rien les villes, mais encore leur procure des avantages par le réseau de routes qui encadre les terrains que l'on pourra cultiver, fréquenter pour la promenade et pour le commerce en général.

La fortification nouvelle n'encombrerait donc et ne paralyserait en rien aucun terrain. Loin d'étouffer les villes, elle leur donnera de l'aisance et les débarrassera de beaucoup d'éta-

blissements de troupes et de matériel. Enfin, elle coûtera
peu : car, sans compter l'économie des établissements, on
peut admettre qu'elle ne reviendra pas moyennement à 300
francs le mètre courant de magistrale.

Un dernier fait capital que je dois mentionner, c'est que
ces fortifications, larges et simples dans leur organisation et
dans leur action, comportent et facilitent beaucoup le concours permanent des troupes et des populations, pour défendre le territoire contre les armées envahissantes. Abandonnée à elle-même, une place devient à volonté un grand
camp ou un réduit, en raison des circonstances et des ressources disponibles ; rattachée à des armées qui tiennent la
campagne, elle leur offre un centre d'appuis, d'abris et de
ressources qui peut exercer la plus grande influence dans les
grandes opérations de la tactique et de la stratégie.

VI. — Conditions générales.

Ce que je viens d'exposer contient, sous les différents
titres, toute une série de nouveaux procédés pratiques, qui
se rattachent à l'ensemble des principes et considérations
que j'ai mis en avant pour le nouvel armement. Il est entendu que, suivant la règle ordinaire du domaine pratique,
les dimensions que j'indique peuvent admettre un balance-
ment de variations qui peut aller jusqu'au quart.

Comme je l'ai déjà dit, je ne m'adresserai pas aux législa-
tions pour protéger mes droits de propriété sur toutes ces
nouvelles choses dans les divers États. Je préfère les mettre
sous la sauvegarde de la loyauté et de l'équité générales. Seulement, en livrant le tout à la publicité, sous le titre de *Nouvel
armement général des États*, je prends acte de propriété pour
les nouvelles choses contenues dans cet ouvrage ; et l'enre-
gistrement, au dépôt de la librairie française à Paris, donne
la date authentique et certaine de cet acte.

A côté de ces signalements de propriétés nouvelles, il serait naturel d'indiquer des tarifs d'application, qui seraient

les plus favorables pour protéger les droits de l'inventeur, et développer l'emploi des inventions dans l'intérêt de la masse sociale ; cette indication étant publiée, tont individu qui ferait une application serait regardé comme contractant avec l'inventeur d'après les conditions de ces tarifs. C'est là une loi générale et nouvelle que je signale pour la première fois, et qui me parait la plus équitable et la plus applicable à tous les points de vue, pour la propriété intellectuelle dans tous les États.

Dans le cas actuel, je ne fixerai pas de tarifs, et je me contenterai d'indiquer les règles d'évaluation suivantes : pour les ensembles de l'armement général, de la jetarmerie, de l'équiparmerie, de la couvrarmerie et de l'hydronaverie, compter à raison de cent mille âmes contenues dans la population de l'État qui applique ; pour la jetarmerie, compter à raison de cinq millimètres contenus dans le diamètre du calibre, par arme, affût et voiture ; pour l'équiparmerie, compter par le nombre d'équiparmes, et aussi à raison de 100 kil. dans le poids des carcasses ou tringles ; pour la couvrarmerie, compter à raison du mètre courant de magistrale, du nombre de places d'armes, puis des 100 kil. de carcasse mobile dans les nouvelles batteries et tranchées ; pour l'hydronaverie, compter par bâtiment et par tonne.

Je pense bien que mes nouvelles propositions seront, comme toutes les grandes découvertes, exposées à être critiquées, dédaignées, attaquées, faussées, niées et même bafouées. Mais cela ne les empêchera pas de faire leur chemin et d'entrer, après plus ou moins de temps et avec plus ou moins de peine, dans le courant des choses généralement appliquées pour le plus grand avantage des États. Du reste, il est facile de déterminer quel est aujourd'hui l'ensemble de l'armement général, quels sont ses principes, ses organisations, ses moyens d'action et ses procédés d'opération. D'ici vingt ans, on verra ce que cela sera devenu ; et je suis fondé à déclarer que tous les changements réalisés, qui se trouveront contenus dans les propositions que j'adresse actuellement au public et à tous les Gouvernements, devront être considérés comme venant de moi.

Ces conditions générales étant présentées, chacun désormais, Gouvernement, conseil spécial, simple particulier, sait à quoi s'en tenir sur les applications qu'il fera dans son intérêt. La loyauté et l'équité exigent qu'on tienne compte de mes droits et de mes travaux; ceux qui ne voudront pas y avoir égard sont entièrement libres. Habitué à rencontrer obstacles, hostilités et spoliations, je n'en continue pas moins à suivre la voie du bien et du progrès.

CHAPITRE IV.

ENSEMBLE. — CLASSEMENT. — EXÉCUTION.

I.

Je résumerai, compléterai et classerai comme il suit l'ensemble des considérations et conditions qui doivent présider à l'adoption du nouvel armement général des États.

Quelle que soit la multiplicité des rapports pacifiques que le progrès de la civilisation amène entre les peuples divers, la lutte est toujours au fond de la nature humaine, et les Gouvernements doivent chercher sans relâche à perfectionner leur état militaire.

Dans cet état militaire, sur terre et sur mer, l'armement général comprend l'ensemble des moyens matériels que la science et l'industrie mettent de jour en jour à la disposition des hommes pour s'installer, marcher et combattre; avec ses organisations, ses établissements et ses approvisionnements de plus en plus étendus, cet armement forme une masse énorme et dispendieuse, qui exerce une influence de plus en plus dominante, non-seulement sur la constitution et sur les opérations des armées, mais encore sur la solidité et sur l'action extérieure des États.

Cependant, jamais encore cet armement général n'a été considéré dans son ensemble, avec l'esprit de généralité, de simplicité et de capacité qu'il doit comporter. Aujourd'hui, même chez les puissances les plus avancées, il n'apparaît guère que comme l'entassement assez confus de vieux systèmes spéciaux et bornés, dont on perfectionne de plus en plus les détails, en y joignant, comme au hasard, beaucoup d'innovations qui ne peuvent corriger les vices radicaux de constitution générale.

Ces vices de l'armement général peuvent être signalés comme il suit : absence d'idée générale, de principe et de plan nettement classés; pénurie de moyens pour que les hommes, individus ou corps de troupes, puissent partout s'installer, marcher et combattre; assujettissement des troupes et de l'armée en général aux exigences d'un matériel desservi par des spécialités qui s'étendent de plus en plus et absorbent la faculté d'action; lacunes considérables pour des services extrêmement importants dans une foule de circonstances; principes trop exclusifs et trop bornés dans la composition et dans l'action des éléments; incapacité et négligence à savoir tirer parti des ressources locales et des forces diverses; faiblesse étonnante, en raison des masses employées, et souvent impuissance d'effet; confusion, malgré des superfétations de classements, règlements, catégories et institutions spéciales; manque d'unité et absence de rapports faciles et circulants entre les différentes spécialités; difficulté de construction et de mise en jeu; absorption excessive d'hommes et de moyens de transport; nécessité d'établissements immenses et difficiles pour la production et la conservation; fortifications sans portée, qui emprisonnent et étouffent les populations et les garnisons; armements maritimes, qui se présentent monstrueux de masse, mais qui sont trop souvent inertes dans les luttes de la guerre; enfin dépenses ruineuses pour les ressources des États, en hommes, en matériel et en finances.

Tous ces défauts deviennent évidents quand on va au fond des choses, et il suffit, pour en faire ressortir les désastreuses conséquences, de signaler les faits qui suivent.

L'Europe, dont le territoire ne forme pas la dixième partie du globe, absorbe pour son matériel d'armement général, sur terre et sur mer, une valeur de plus de vingt-cinq milliards de francs. Cet armement exige plus de trois millions d'hommes en temps de paix ; et l'entretien de tout cela absorbe annuellement trois milliards, sans compter plus de quatre milliards que produiraient sûrement les soldats et la valeur de l'armement, s'ils fonctionnaient dans la circulation du travail libre.

Quant aux conditions de la mise en jeu de cet armement général, rappelons-nous que la guerre d'Orient, qui a été si restreinte dans ses opérations, a exigé des efforts énormes de travaux et de créations précipitées et sans fin ; qu'elle consomma 600,000 hommes morts, 9,000 bouches à feu, 3,000 bâtiments de marine, des millions de munitions et d'objets de toute sorte, près de cinq milliards de francs ; et que si l'on n'eût pas arrêté cette guerre à son origine, elle allait entraîner dans un désastre épouvantable les populations, les finances et l'industrie générale des États.

Ces faits ne démontrent-ils pas que le système actuel d'armement général n'est plus en rapport ni avec les besoins de la guerre, ni avec les ressources des États ? Et n'est-ce pas un devoir impérieux pour les Gouvernements et pour les hommes dévoués au bien de leur pays, de rechercher les moyens d'obtenir une force militaire plus active et plus puissante, tout en étant moins ruineuse ?

Frappé de ces grandes nécessités, je me suis appliqué, pendant vingt-cinq ans d'études et de travaux, à déterminer les véritables conditions d'un nouveau système d'armement général des États sur terre et sur mer.

Voici quels sont les principes généraux de ce nouveau système :

1° La base de l'état militaire est essentiellement dans la valeur et dans l'action de l'homme. L'armement doit donc, avant tout, assurer à l'individu les moyens d'étendre et d'assurer le plus possible ses facultés d'opération. — 2° L'en-

semble de l'armement, avec ses positions et ses moyens matériels, doit être regardé comme une somme d'obstacles à
surmonter, ou comme une somme d'assistances à recueillir,
pour en venir à la lutte décisive d'hommes à hommes. Les
armées ne sauraient trop s'étudier à se ménager cette res-
source, pour faciliter leur action dans toutes les circonstances
possibles de l'installation, de la marche et du combat. —
3° Ces circonstances d'opération doivent s'appliquer à toutes
les natures de sol, à tous les milieux et à tous les obstacles,
tels que les terres, plaines et montagnes, les rochers, les marais, les inondations, les fleuves, les campagnes nues, les
villes fortifiées, les côtes découpées, les grandes surfaces et
les intérieurs profonds de la mer. — 4° Les corps de troupes
doivent être pourvus d'armement, de manière à pouvoir se
suffire à eux-mêmes dans une foule d'opérations; mais,
pour des circonstances exceptionnelles, qui nécessiteront un
grand effort contre de grands obstacles, ils auront besoin
d'un concours d'approvisionnement et de direction que fourniront des corps spéciaux d'armement. — 5° Ces corps spéciaux doivent être réduits le plus possible en nombre et en
masse ; ils s'isoleront peu dans leurs opérations, et agiront
moins comme une force indépendante et séparée que comme
une puissance d'aide, de direction et de combinaison, pour
employer les moyens matériels des troupes, des parcs d'approvisionnement et des localités, dans les opérations spéciales. — 6° Une circulation active et incessante de rapports
d'échange doit avoir lieu entre tous les éléments de l'armée,
troupes et armement général. Ainsi, l'armement des corps
de troupes doit concourir avec l'armement des services
spéciaux, de même que ces derniers doivent pouvoir verser
leurs approvisionnements dans ce qui est mis à la disposition
des troupes. Cette faculté d'échange entretiendra une circulation générale d'armement dans toute l'armée. — 7° Pour
remplir ces conditions, l'armement général se compose de
parties simples, aussi parfaites et aussi puissantes que possible dans leur construction et dans leur action, portatives et

se prêtant chacune à une foule de combinaisons. Alors les grandes masses de construction d'armement seront décomposées en parties légères, qui pourront être transportées partout, même par les hommes, pour être ajustées et désajustées sur place. — 8° En principe, on donnera à tous les éléments de l'armement la plus grande étendue et la plus grande énergie possible pour l'action. Mais, en principe aussi, on proscrira la recherche de ces avantages dans l'exagération des masses. On ne s'adressera qu'aux supériorités de combinaison et de qualité que les sciences et les industries les plus avancées pourront donner pour la substance, la forme et la disposition de toutes les parties ; et, ces éléments une fois déterminés, les armées en seront régulièrement pourvues, sans rechercher de mesquines économies qui conduiraient à de grandes ruines. — 9° Le champ des moyens militaires ne saurait être borné ; en fait d'armement, la guerre doit nourrir la guerre le plus possible, et toutes les forces de la nature ainsi que tous les éléments matériels peuvent être combinés de manière à donner des instruments et des actions militaires : il ne faut donc avoir rien d'étroit ni d'exclusif à cet égard ; et l'on doit être prêt à puiser, dans le domaine commun des circonstances locales, tous les moyens d'action militaire que les sciences mathématiques et naturelles, en même temps que les arts industriels, permettront de combiner et de mettre en jeu.— 10° Ces conditions générales s'appliquent à l'armement de mer comme à celui de terre, et les mêmes éléments matériels pourront se combiner de manière à étendre beaucoup la faculté d'opération spéciale des armées et des flottes dans une foule de circonstances, à lier entre eux les divers services de chacune de ces grands masses militaires, puis à rattacher les armées et les flottes dans un ensemble d'action continue pour toutes les opérations de la guerre. — 11° Enfin la véritable base des armées et des flottes, leur source d'origine, d'alimentation, de développement et de réserve , c'est le territoire et la masse de la population. Il faut donc que le système général d'armement et l'ensemble de la constitution

militaire soient établis de telle sorte que, non-seulement ils
ne contrarient en rien l'installation, le travail et la circulation de ces masses nationales, mais encore qu'ils puissent
facilement les favoriser, tout en les protégeant ; mais il faut
surtout que les forces générales, populations et travaux,
puissent entrer largement dans le système de l'action militaire sur terre et sur mer, pour donner à cette action une
étendue et une puissance devant lesquelles reculent ou succombent les hostilités les plus formidables.

C'est en me conformant à l'influence dominante de ces
principes généraux, et en tenant compte des exigences que
comporte l'ensemble des opérations de la guerre sur terre et
sur mer, que j'ai été conduit à partager tout le système du
nouvel armement général en cinq grandes parties ou spécialités de services, qui présentent chacune toute une série de
considérations, de principes, d'inventions et de conséquences
qui en font des institutions nouvelles, savoir : l'armement des
troupes, l'armement des artilleries, l'armement des retranchements, l'armement de l'équipement, l'armement de marine.

II.

Le nouvel armement général pour les troupes comprend
la nouvelle arme de jet, l'équiparme, des tringles en fer ou
en substances gommo-organiques, puis quelques mètres de
imperméables.

La nouvelle arme de jet, ou manarme à baïonnette-sabre,
est simple, solide, composée de très-peu de pièces ; elle peut
employer, suivant les circonstances, les balles de plomb, de
zinc, de fer ou de fonte, massives ou explosibles ; son service est facile et rapide, son entretien extrêmement simple,
son action puissante et étendue. En outre, on peut mettre à
la disposition des hommes, dans les circonstances où les poudres et les ateliers de précision pour les métaux viendraient
à manquer, les arbalètes à tampon élastique. Ainsi les troupes

et les populations ont désormais les armes les plus faciles et les plus puissantes, pour toutes les circonstances possibles.

L'équiparme, en donnant un havre-sac léger, solide, imperméable et variable de volume pour renfermer tous les effets, en se présentant comme vase pour transporter et conserver les denrées et surtout l'eau et les autres liquides, en donnant une cellule de construction que l'on peut remplir d'air, de gaz provenant de l'explosion de la poudre, d'eau, de boues, de sables, de terres, de pierres, de résidus quelconques, cet équiparme, disons-nous, se présente comme une conquête précieuse que fait le soldat individuel, pour s'installer d'une manière saine sur tous les terrains possibles, même dans l'eau, pour assurer ses approvisionnements, pour faciliter ses marches même en naviguant isolément avec ses armes et bagages, pour se couvrir et s'appuyer dans toutes les circonstances du combat.

La tringle rigide et la toile imperméable, avec les courroies de l'équiparme, serviront pour une foule d'usages individuels ; mais ils doivent être regardés surtout comme les liens qui serviront dans les corps de troupes, à partir de la simple escouade, pour rattacher entre eux les équiparmes des soldats, puis pour créer des éléments dans les dispositions générales d'installation, de marche, de navigation, de retranchements et de combats que les troupes auront à faire, soit isolément, soit avec le concours des services spéciaux.

Par cet ensemble des manarmes, de l'équiparme et des tringles, le soldat a donc acquis une étendue, une puissance, une sécurité et une indépendance d'action qui en font un être complet, pour toutes les opérations de la guerre, sur la terre et sur l'eau.

Le nouvel armement général pour l'artillerie de terre et de mer offre les plus grands avantages. Pour agir de très-loin, pour frapper en masse et briser les grands obstacles, les artilleries de terre et de mer auront les pièces à tir horizontal et à tir courbe, à projectile massif, à projectile creux, à balles et à

8.

feu, explosif par la fusée ou par le choc ; tout cela formera les classes différentes, suivant le calibre et suivant l'emploi, d'artillerie de chevalet, de montagne, de campagne, de place, de siége, de côte, de vaisseau. Le principe nouveau et essentiel pour toutes ces artilleries, c'est de tripler la bonne portée et la pénétration de leur tir, tout en réduisant les masses, les objets divers et agrès, l'espace pour l'installation et la manœuvre, le temps et les efforts pour la mise en jeu et pour le transport, enfin le nombre des hommes attachés au service. Ces artilleries doivent de plus être simples de formes, faciles de construction, protégées contre la destruction des chocs, enfin toujours prêtes à modifier leurs éléments composants, en raison des circonstances locales.

Toutes ces conditions sont réalisées par l'adoption d'une série de dispositions nouvelles, qui comprennent : les poudres de pyroxile et de chlorure de sodium employées concurremment avec les poudres de salpêtre perfectionnées, les pièces en fer et en acier, les rayures à courbures sans arêtes, les cartouches à amorces fulminantes, les projectiles à rayures moulées ou à culot élastique, les tampons élastiques de culasse, les divers procédés de chargement par la culasse à charnières, à disques circulaires, à glissoire, à crochet, à ressort, etc., les poignées de culasse à alidades, les doubles essieux par paire de roues, les affûts à réaction par plaques élastiques, les suspensions de voitures et de chargement ; enfin l'adoption, dans beaucoup de circonstances, des balistes et catapultes à cylindres élastiques et dont les affûts se prêteront à toutes les conditions du transport, de l'assiette et du tir.

Établis d'après ces nouveaux principes et ces nouvelles dispositions, les artilleries auront une puissance considérable, seront débarrassées d'une foule de masses et d'objets, exigeront beaucoup moins d'espace dans les fortifications, sur les champs de bataille et dans les vaisseaux, demanderont beaucoup moins de moyens de transports, et nécessiteront enfin beaucoup moins d'hommes réduits au simple rôle de manœuvres mécaniques. Ce sera donc puissance et économie considérable pour les armements des territoires, des armées et des flottes de tous les États.

Le nouvel armement général pour les fortifications, batteries et tranchées, doit être débarrassé de ces milliers de postes fortifiés, entassement de murailles fermées et tourmentées, qui emprisonnent les garnisons et étouffent les populations, qui sont impuissantes à résister à l'action des nouvelles armes, et qui ne peuvent donner à la défense, ni l'étendue, ni l'activité, ni les appuis dont elle a besoin.

La nouvelle fortification sera vaste, embrassant dans son système de travaux peu dispendieux une étendue considérable de terrains en dehors de l'enceinte, au moyen d'une circulation active et féconde; elle présentera, sur chaque point, la réunion de l'armement découvert et des abris blindés, des communications couvertes et découvertes, de l'action à l'air libre et souterraine par les mines, puis des ouvrages permanents servant de base à des travaux de toute sorte, ouverts ou blindés et pour lesquels les matériaux nécessaires seront toujours sur place; elle aura des longueurs et des portées de flanquement extraordinaires, des places d'armes avec réduit offrant des centres d'appui et de départ d'action, de larges voies bien assurées pour combiner l'action des troupes et des populations avec celle des fortifications, enfin tout un système de fortifications intérieures jusqu'au centre de la ville, pour prolonger la résistance jusqu'à la dernière limite.

Les nouveaux systèmes de tracés par parallèles et par capitales qui, partant du centre de la ville, peuvent pousser à des milliers de mètres dans la campagne; les nouveaux profils basés sur un fossé blindé, qui présente dans son fond des abris et une chaussée, pendant qu'au-dessus il offre une large chaussée garnie de chaque côté par des talus de terres en parapets; des places d'armes à la fois ouvertes et souterraines, avec larges communications et réduit central, tels sont les éléments principaux de ce nouveau système de fortifications,

qui réunira dans un concours facile tous les éléments défen-
sifs du territoire, des armées et des populations avec leurs
ressources industrielles.

Ce nouveau système de places fortes donnera donc à la défense la grandeur et la liberté, l'activité et la puissance, la
sécurité et la combinaison, en raison des ressources disponibles; de plus, il sera obtenu au moyen de travaux permanents, qui coûteront peu et qui seront même recherchés et
payés par les villes, non-seulement pour leur protection,
mais aussi pour leur travail libre et leur agrément.

L'attaque et la défense des places se transforment aussi. Les
cheminements, les parapets et abris couverts, doivent prendre un développement et une force considérables. Cheminer
en capitale, en parallèle, en fossés couverts avec chaussée
supérieure, avec places d'armes et parapets, devient la règle
la plus générale, au lieu des combinaisons actuelles de petits
boyaux. Il faut pour les batteries, comme pour les fossés et
pour les tranchées, des matériaux autres que les bois et les fascinages. Aussi, désormais les armées mèneront avec elles des
approvisionnements de barres de fer préparées pour s'ajuster
et se combiner sur place avec les plaques de fer, les équiparmes
ou les sacs imperméables, et remplis de terres, sables, boues,
eaux..., de manière à former des carcasses en fer de toutes les
batteries et tranchées, que l'on remplira rapidement au moyen
des matières du sol ou du milieu dans lequel on se trouve. Il
est évident que ce nouveau système de batteries et de tranchées assurera aux armées rapidité et force d'assiette sur
tous les terrains, en même temps que faculté de pourvoir
aux nouvelles exigences d'étendue, de puissance et d'abri
couvert qu'amènent forcément les nouveaux systèmes d'artillerie et de fortification.

Le nouvel armement général pour l'équiparmerie constitue un nouveau service, dont l'importance est considérable;
il comprend l'ensemble de l'équipement nécessaire pour
s'installer, s'approvisionner, marcher et combattre dans

toutes les circonstances et sur tous les terrains, même sur les marais et les inondations. La large base de ce service est dans l'ensemble de l'équipement individuel, c'est-à-dire dans les équiparmes, les tringles et les toiles imperméables que porte chaque soldat. Le même équiparme, étant combiné avec des tringles de fer plus fortes, de manière à former toutes les carcasses que l'on voudra, et étant toujours rempli avec les matériaux disponibles, servira pour organiser les moyens de satisfaire, avec facilité et rapidité, à une foule de conditions nouvelles et avantageuses pour la conservation et pour l'action des armées.

C'est ainsi que l'on aura équipage de campement, pour s'installer d'une manière saine et à couvert sur tous les sols, même les marais et les eaux ; équipage d'approvisionnement, pour toutes les denrées liquides et solides, des vivres, munitions, etc.; équipage d'ambulances ; équipage de routes ; équipage de construction ; équipage de chemins de fer ; équipage de ponts ; équipage hydraulique, pour le transport et le combat sur les masses d'eau ; équipage de retranchements ; équipage de combat, pour se couvrir, combler ou franchir les obstacles. Et il faut observer que tous ces équipages peuvent n'être que la même masse d'éléments matériels, qui se prêtent à des emplois divers.

Ainsi, l'ensemble de ces services si précieux, loin d'encombrer les armées de matériel et de spécialités, les soulagera énormément, au contraire, puisque désormais tout ce matériel n'est composé que des mêmes parties mobiles et légères, faciles à ajuster et à désajuster, que tous les soldats portent avec eux, et qui sont alimentées ou renforcées par quelques voitures d'approvisionnements de réserve, les mêmes pour toute l'armée. Quand on pense aux grandes ressources que les armées peuvent retirer de toutes ces choses pour s'installer et pour agir dans toutes les circonstances et sur tous les terrains, on peut dire qu'elles ont acquis une puissance de conservation et d'action qui diminuera la mortalité et les lenteurs, qui étendra le cercle des opérations dans une proportion considérable.

Le nouvel armement général pour la marine se présente dans les conditions les plus importantes. Avec ses magnifiques et prodigieuses constructions, et malgré les progrès extraordinaires qu'elle a réalisés dans ces derniers temps, la marine est trop compliquée, trop incomplète, trop bornée dans ses opérations, trop faible dans son action et trop ruineuse pour les États. Je remédie à ces défauts en amenant pour toute la marine un ensemble de nouveaux principes, de nouvelles institutions et inventions, qui se résument comme il suit.

Trois systèmes de marine agiront d'un commun accord, savoir : la marine mixte, pénétrante et flottante en même temps, qui est la seule employée aujourd'hui, pour tous les usages ordinaires de marches, de transport et de combat ; la marine plongeante, pour agir dans les profondeurs et sous l'eau, contre certains obstacles, contre la carcasse des vaisseaux et dans des services secrets de dépêches ou d'inspection rapide ; la marine rasante, qui a pour but d'agir comme élément de transport et de combat sur les surfaces d'eau, et à des distances peu étendues des flottes ou des côtes.

Un nouveau principe capital, organique, transforme la marine et la lance dans une voie de progrès immense au point de vue de la rapidité et de l'économie de la marche : c'est le principe d'avancer dans l'eau, en la pénétrant par des proues et des poupes tournantes. L'application de ce principe étant jointe aux nouvelles formes très-simples de la carcasse, aux quilles et armatures, au nouveau mode de construction, au propulseur en vrille à l'avant et à l'arrière, à la nouvelle voilure, au gouvernail à vapeur et à glissoire, puis enfin au nouveau système d'artillerie qui demande très-peu de place, toutes ces nouvelles dispositions permettent d'avoir des bâtiments infiniment plus simples et beaucoup plus rapides dans leurs marches, faciles dans leurs manœuvres et moins exposés à la destruction.

En outre de cette marine, j'en propose une autre, dite cellulaire, et qui sera le complément de la première. Com-

posée d'une carcasse en fer, obtenue par des barres de fer
qui s'ajustent et se désajustent sur place, puis par des flotteurs
que l'on remplit d'air ou de gaz provenant de la poudre,
cette marine procure instantanément et sur place tous
les radeaux de transport, les bombardes et batteries que
peuvent exiger les luttes en pleine mer, comme les débarquements et les attaques de côtes.

Ainsi, désormais une grande flotte ne comprend que de
beaux vaisseaux bien armés, à marche égale et d'une rapidité double de la marche actuelle. Aucun service spécial et
aucune considération n'entraîne ou n'arrête la marche rapide
et en masse de ces bâtiments de même ordre. Chacun d'eux
contient dans son intérieur un navire éperon pour manœuvrer et agir sous l'eau ; puis les barres de fer, les flotteurs,
l'artillerie et les hommes qui devront former les bâtiments à
flottaison rasante que l'on jugera nécessaires pour agir seuls,
ou pour combiner leur action avec celle du vaisseau lui-
même. La bataille en mer ou sur les côtes étant finie, les
éperons de la navigation plongeante et les bâtiments cellulaires de la navigation rasante sont remis dans l'intérieur
des vaisseaux, qui reprennent leur marche libre et rapide,
pour transporter l'ensemble de leur formidable action partout où ils en jugeront le besoin nécessaire.

Il n'est pas besoin d'insister sur les avantages sans nombre
que retirera la puissance militaire des États de ce système
entièrement nouveau de marine générale. Cette marine de-
viendra plus simple, plus facile à construire, à servir et à entretenir ; elle sera donc d'une rapidité, d'une amplitude et
d'une variété d'action qui procureront des économies, puis
des moyens d'une influence considérable, pour agir, non-
seulement sur les mers, mais encore sur les côtes et sur les
contrées les plus éloignées.

On voit maintenant comment le système d'armement général pourra combiner les nouveaux systèmes d'armement
de troupes, d'artillerie, de fortifications, d'équiparmerie et

de marine, avec toutes les conditions territoriales, industrielles et personnelles des États ; combien ce système sera simple et large, complet et économique, actif et puissant, ménager et protecteur des hommes, en se ployant à tous leurs besoins pour l'installation, la conservation, la marche et l'action sur terre et sur mer.

La conséquence capitale de toutes ces nouvelles choses, c'est que les éléments de l'armement, étant devenus beaucoup plus puissants, plus mobiles et plus protecteurs, le nombre des hommes non combattants et employés à des services d'intermédiaires diminue dans une proportion énorme ; le nombre des combattants lui-même a besoin d'être beaucoup moins étendu pour produire de grands effets ; ce nombre de combattants perd moins de temps, et par conséquent de forces, à lutter contre les distances et contre les obstacles matériels ; beaucoup mieux installé et préparé pour agir rapidement dans toutes les opérations, il est moins soumis aux ravages de la maladie et du feu ; enfin le soldat, étant plus complet et plus rapidement formé dans une série d'opérations qui le sortent de l'état de machine, se rapproche de plus en plus du sein des populations dont il émane.

Ainsi, désormais l'humanité n'étant plus assujettie aux entraves et aux exigences ruineuses d'un armement imparfait, pourra librement et en toute circonstance déployer la force militaire que comportent le maintien de sa dignité, l'exercice de ses droits et son génie.

III.

En résumant les conditions générales de l'ensemble et des parties constituantes du nouvel armement général, je dois rappeler que, sous le titre général de brevets d'inventions, j'ai groupé la série des nouveaux procédés techniques, qui, en se combinant plus ou moins avec les organisations et les éléments matériels que l'on emploie aujourd'hui, permettront d'établir cet armement dans les conditions d'étendue et d'énergie qu'il comporte. L'inscription de cet ouvrage, au dépôt de la librairie française, à Paris, donne la date authentique de mes droits de propriété à cet égard; mais, sans m'arrêter à ces prétentions personnelles, je communique au public l'ensemble de mes propositions.

Je fais appel à tous les gouvernements, à tous les conseils et à tous les hommes que regardent les choses militaires, en même temps que l'économie sociale, et je les engage de tous mes efforts à se préoccuper de ces nouvelles choses, à les discuter, les essayer et les appliquer définitivement. Ce que j'ai exposé est, je le crois, assez complet et assez précis pour mettre chacun à même d'agir par lui-même dans toutes les voies proposées, en modifiant les dimensions, les formes et les choses de détail dans les limites que l'on jugera convenables. Cependant, pour compléter ce grand travail de révolution dans l'armement général, je dois prévenir que je possède sur toutes les parties beaucoup de mémoires plus détaillés, des plans et des modèles matériels.

L'entreprise que j'aborde aujourd'hui, après vingt-cinq ans d'études et d'efforts, de révolutionner, pour le compléter, le simplifier et le renforcer, le système d'armement général des États, de manière à le mettre à hauteur des besoins et des progrès de la civilisation, cette entreprise est désormais parfaitement nette et classée dans mon esprit; ce vaste ensemble se coordonnera dans une série de publications qui formeront des ouvrages séparés et dont les titres sont les suivants :

1° Aperçu historique sur l'armement général des États, à toutes les époques;

2° Exposé général du nouvel armement des États sur terre et sur mer. C'est l'ouvrage actuellement publié;

3° Nouveau système d'armement pour les troupes;

4° Nouveau système d'artillerie de terre et de mer ;

5° Nouveau système de fortification , mines , tranchées et batteries ;

6° Nouveau système d'équipement général pour s'approvisionner, s'installer, marcher et combattre ;

7° Nouveau système de marine à bâtiments massifs et à bâtiments cellulaires ;

8° Nouvelles applications des sciences mathématiques et naturelles, puis des éléments industriels à l'armement général;

9° Nouveau système d'organisation générale de l'état militaire de terre et de mer, établissements, armées, tactique, stratégie ;

10° Publication trimestrielle, qui résumera les travaux relatifs aux propositions, essais et applications de l'armement général dans les divers États.

Du reste, une œuvre aussi vaste et aussi compliquée que celle de l'étude et de l'établissement d'un nouveau système d'armement général ne peut aboutir que par une réunion d'efforts suivis et bien coordonnés. Partant d'un premier centre général d'initiative, qui appellera l'attention, formulera les propositions et amènera la création de centres de travail dans les différentes contrées, ces efforts reviendront des centres particls au centre général pour apporter chacun son tribut au travail commun ; et ce centre, après avoir élaboré les documents et les avoir communiqués aux centres partiels, s'efforcera d'en déduire les règles dont l'application, résultant des expériences et des opinions les plus justifiées, sera recommandée à tous les Etats.

Il paraît donc indispensable, tout en laissant libre chacun, gouvernement, comité ou individu, d'étudier, essayer et appliquer les nouvelles choses comme il l'entendra, d'établir une agence générale, ou conseil libre de fondation, qui excite, coordonne et centralise les efforts qui seront faits sur tous les points du globe, pour la solution d'une des questions les plus vastes et les plus importantes pour l'humanité.

Ainsi donc, j'institue à Paris un conseil central et libre, pour l'étude et l'application du nouveau système d'armement général. Ce conseil libre ou agence générale entretiendra les services suivants :

1° Publication des ouvrages indiqués avec les mémoires, propositions et plans relatifs au nouveau système d'armement général; — 2° Ateliers de construction pour tous les modèles qui seront proposés, essayés et adoptés, soit au centre général, soit ailleurs, et qui pourront être expédiés aux centres partiels; — 3° Champ d'expériences de toutes sortes, pour prendre l'initiative des essais, comme pour développer et contrôler les essais venant d'autre part; — 4° Relations continues avec les centres officiels ou particuliers de tous les pays, pour recevoir les communications de leurs travaux, propositions, discussions et essais, et pour leur transmettre les renseignements et les avis nécessaires; — 5° Études, discussions, rédactions et publications de tous les documents généraux, dont les résultats seront condensés dans un rapport général et trimestriel qui sera régulièrement publié; — 6° Missions, voyages et réunions, pour assister aux essais et prendre part le plus possible aux discussions et aux travaux les plus importants.

L'installation et le service d'un pareil conseil libre de fondation réclame un concours de moyens et de sympathies de la part des personnes de bonne volonté pour les progrès militaires dans la voie de la civilisation. Voici comment seront classés les différents ordres de ce concours :

1° Les souscripteurs; ils recevront l'ouvrage actuel, l'aperçu historique sur l'armement général des États, le nouveau système d'organisation générale de l'état militaire sur terre et sur mer, puis les rapports trimestriels sur les études et discussions, expériences et applications qui seront faites dans les divers États; 2° les fondateurs spéciaux; en outre des avantages précédents, ils recevront l'ensemble des publications, mémoires et procès-verbaux, plans et modèles relatifs à la spécialité qu'ils auront désignée, soit l'armement des troupes, soit les artilleries, soit l'équipement général, soit les fortifications et batteries, soit la marine, soit la partie industrielle; de plus, ces fondateurs auront droit d'assister aux essais et réunions qni auront pour objet leur spécialité d'armement; 3° les fondateurs généraux; ils recevront l'ensemble des publications et modèles, et ils auront droit d'as-

sister aux essais et réunions de toute nature ; 4° les fondateurs honoraires et de patronage ; ils recevront des exem-
plaires de toutes les publications et modèles, avec tirage et
confection spécialement soignés ; de plus, ils auront droit
d'assister, directement ou par des délégués, à toutes les
réunions, discussions et expériences qui seront faites ; 5° les
fondateurs représentés par les gouvernements d'États.

Chaque fondateur et souscripteur aura droit de corres-
pondance. Il sera tenu compte de ses demandes, observa-
tions et communications, soit en particulier, soit dans les
publications trimestrielles ; de plus, chacun sera mis le plus
possible en position de s'éclairer sur les discussions, publications et expériences qui auront lieu dans les divers États.

Ainsi, en outre des ouvrages qu'il recevra, chaque fondateur et souscripteur aura la faculté et le mérite de concourir
à la solution de la vaste et importante question de l'armement, puis de figurer dans le premier conseil libre des hommes de diverses nations, qui veulent que les progrès de l'état
militaire avancent avec la civilisation et soient en rapport
avec la prospérité de l'humanité.

HISTOIRE GÉNÉRALE
DE L'ARTILLERIE.

TOME TROISIÈME.

AVERTISSEMENT.

Il y a quinze ans, j'ai publié les deux premiers volumes de *l'Histoire générale de l'Artillerie*. C'était un travail considérable et nouveau, que j'avais poursuivi au milieu de grandes peines, avec l'ardeur d'une jeunesse dévouée au service.

La bienveillance avec laquelle fut accueilli cet ouvrage m'encourageait à en poursuivre la publication, et j'avais à cet effet amassé et préparé des matériaux considérables ; mais des circonstances indépendantes de ma volonté m'ont empêché jusqu'à présent de mettre à exécution ce travail. Ainsi, il y a sept ans, je voulus publier le troisième volume complet, et j'avais déjà fait imprimer près de 200 pages, quand je fus mis dans l'obligation de suspendre.

Dans cette position, je cède aux demandes de plusieurs personnes, en faisant paraître les pages inédites, et qui traitent de choses importantes pour l'histoire de l'armement général, à une époque où brillent les noms du maréchal de Saxe, de Frédéric et de Marie-Thérèse, dans la guerre et dans la politique, en même temps que les noms de Vallière, Du Brocard, Lichtenstein et Gribeauval dans l'artillerie.

Jean BRUNET.

Vᵉ ÉPOQUE.

Ce troisième volume comprend la cinquième époque de l'*Histoire générale de l'Artillerie*, qui va du commencement de la guerre de la succession d'Autriche jusqu'au commencement de la révolution française (1740 à 1789).

Cette époque est partagée en trois livres.

Le livre Iᵉʳ comprend tout ce qui est relatif aux institutions et aux opérations militaires, notamment en ce qui concerne l'artillerie, depuis 1740 jusqu'au traité d'Aix-la-Chapelle en 1748.

Le livre II va de 1748 à 1765 et renferme tout ce qui est relatif à la guerre de Sept-Ans.

Le livre III va de 1765 à 1789.

Le livre Iᵉʳ est partagé en deux chapitres : l'un est relatif à la position générale des États et de leur artillerie; l'autre est relatif aux opérations militaires.

HISTOIRE GÉNÉRALE
DE L'ARTILLERIE.

LIVRE PREMIER.
1740 à 1748.

CHAPITRE PREMIER.
1740 à 1748.

Position générale des états et de leur artillerie.

Section I. — États européens. — Leur politique et leur position dans les guerres qui sont entreprises.

Section II. — Organisation territoriale, industrielle et militaire de l'artillerie, au point de vue du personnel et du matériel.

Section III. — Organisation de l'artillerie pour agir dans les guerres de siége et de place, de campagne et de montagne.

Section IV. — Rapport de l'artillerie avec les troupes et les autres éléments des armées. — De sa conduite dans les diverses opérations de la guerre.

SECTION I.

État général des états européens. — Politique générale. — France, Espagne, Portugal, Italie, Suisse, Angleterre, Hanovre, Hollande, Danemarck, Autriche, Prusse, Bavière, États allemands. — Suède, Pologne et Turquie. — Russie. — Inde et Amérique. — *Nota.* Guerre de la Russie contre les Turcs (1736 à 1740).

Quand Louis XIV et Pierre le Grand furent morts, l'Europe, qui avait été fortement ébranlée, de l'Occident à

III.   1 l'Orient, par les grandes entreprises de ces deux terribles despotes, tomba dans la torpeur et le relâchement. L'espri des grandes guerres disparut; et l'amour des jouissances s'empara de plus en plus des populations.

Les gouvernements absolus régnaient presque partout mais, faibles et corrompus, ils ne servaient généralemen qu'à précipiter la dissolution des traditions qui avaient re lié entre eux les éléments sociaux. Les rois, les nobles e le clergé, qui pendant si longtemps avaient dominé les masses à force d'orgueil, de privilèges et de grands servi- ces, se dégradaient de plus en plus dans les cours par un servilisme déhonté, par le jeu effréné des spéculations e le cynisme des mœurs. Les parlements se déconsidéraien au milieu d'agitations, de tracasseries incessantes, de pré- tentions sans droit et sans dignité. Les bourgeois seuls gran dissaient de plus en plus dans les finances, le commerce l'industrie, les sciences et les arts; ils observaient et atta- quaient la conduite des classes supérieures; ils discutaient, et commençaient à vouloir se rendre un compte exact des conditions de la constitution politique et sociale des états. Quant à ce qu'on appelait le bas peuple, il travaillait sans qu'on se préoccupât beaucoup de ses souffrances et de ses droits. Cependant, quelques esprits généreux et hardis es- sayaient de plaider sa cause.

Ces grands mouvements sociaux commencent seulemen à se manifester pendant cette période, chez les puissances les plus avancées comme la France. Mais, pour qu'ils se montrent d'une manière plus générale et plus évidente, sur- tout pour qu'ils se formulent en institutions théoriques et pratiques, il faut que les relations s'étendent entre les diverses puissances, et que les combinaisons s'opèren sur un plus grand nombre d'éléments. Or, pour obte-

nir ce résultat, de grandes guerres sont encore nécessaires.

Le foyer des opérations se trouve placé au centre même
de l'Europe. C'est l'Autriche, dont les états sont éparpillés
depuis la Belgique jusqu'à l'Italie, et depuis la frontière de
France jusqu'à celle de la Russie, c'est l'Autriche qui entraîne toutes les puissances à prendre une part plus ou
moins active aux grandes luttes. Dans cet ensemble d'opérations, l'Europe peut être considérée comme partagée en
cinq groupes.

A l'occident, la France, avec ses grandes institutions et
son génie libéral, s'efforce à retenir en faisceau l'Italie,
l'Espagne, le Portugal et la Bavière qu'elle cherche à ra-
nimer depuis près d'un siècle.

Au centre occidental, l'Autriche qui se défend s'affai-
blit pendant que la Prusse l'attaque et grandit; tous les petits états d'Allemagne qui se groupent désormais autour
de ces deux puissances principales.

Au centre de l'Europe orientale, les états de Suède, de
Pologne et de Turquie, qui sont désormais épuisés, paralysés, condamnés à l'inertie, à l'absorption et à la mort.

A l'est, cette gigantesque Russie, qui s'étend de la Baltique à la Perse et à la mer Noire, et dont les populations
rugissent avec fureur contre la civilisation que Pierre le
Grand a voulu leur imposer.

L'Angleterre enfin, puissante par la marine et par l'argent, marchant avec la Hollande, le Hanovre et le Danemarck, exerce une pression directe sur tout le nord-
ouest, en même temps que ses trésors alimentent la guerre
du sud-est et que ses escadres luttent en Amérique et en
Asie.

Pendant cette période, voici quelle est la position générale, tant à l'intérieur qu'à l'extérieur, des divers états qui constituent ces cinq grandes masses européennes.

Parmi toutes les puissances de l'Europe, la France était celle qui paraissait destinée à retirer le plus d'avantages de l'état d'affaiblissement où Charles VI laissait l'empire d'Autriche, cet ennemi séculaire, à l'abaissement duquel elle avait tant travaillé depuis François Ier. Mais le cardinal Fleury qui, à l'âge de 85 ans, tenait encore en main tout le gouvernement, ne pouvait pousser avec vigueur à une grande guerre européenne. Cependant, le sentiment national se prononçait avec trop de vivacité pour ne pas agir. Fleury eût dû se retirer; mais, incapable d'abnégation, il resta au pouvoir et entama avec timidité une guerre qu'il désapprouvait, et qui ne conduisit qu'à des opérations de plus en plus étendues, indécises et onéreuses.

La France commença cette guerre avec plusieurs alliés, et poussa avec assez d'audace ses premières armées jusqu'en Bohême et jusqu'aux frontières du Hanovre; mais bientôt, ralentie dans son action par la politique du cardinal, trahie par le Piémont qui lutta contre elle, privée de la Suède qui fut, en deux ans, mise hors de combat, abandonnée par Frédéric qui, sans scrupule, ne suivait jamais que la ligne de son intérêt, elle se trouva seule, avec les pauvres Bavarois à supporter le choc de la masse des alliés : aussi vit-elle ses armées refoulées et son territoire envahi.

Alors, malgré elle et sans y être préparée, la France dut lutter depuis les côtes d'Angleterre jusqu'au centre de l'Italie, appuyée à gauche par les tentatives du prétendant contre l'Angleterre, à droite par l'armée d'Espagne, en face et sur les derrières de ses ennemis, par le roi de Prusse, dont les coups vigoureux amenaient de temps à

autre une puissante diversion. En outre de cette grande
lutte continentale, la France était obligée de se défendre
dans toutes ses colonies et sur toutes les mers contre l'Angleterre et la Hollande.

Le cardinal Fleury, avec sa vanité, sa timidité et son
esprit d'économie, était complétement impuissant à conduire la France au milieu d'un système aussi vaste d'opérations. Aussi, quand il mourut, en 1743, laissa-t-il tout
compromis sur terre et sur mer. Le roi Louis XV manifesta alors l'intention de prendre lui-même en main la
conduite des affaires. Mais, entraîné par les débordements
de ses amours, il ne fit que satisfaire sa vanité, en parais-
sant avec éclat à la tête de grandes armées, et commença
à laisser la conduite des affaires aux mains de ses maî-
tresses. Heureusement, à cette époque, la prostituée en
faveur était la duchesse de Chateauroux, qui aimait la
gloire et s'efforçait d'inspirer au roi des sentiments généreux.

De cet état du gouvernement résulta que la politique, la
guerre et l'administration intérieure furent conduites sans
grandeur et sans régularité. Longtemps les succès et les
revers se balancèrent au milieu de la fatigue générale. Cependant la France, qui heureusement avait pour elle les
deux grands génies militaires de l'époque, le maréchal
de Saxe et Frédéric, finit par avoir dans la guerre continentale une somme de succès qui la conduisirent au terme
de ses vœux, c'est-à-dire à une paix qui mit fin aux longues
guerres, à la suite desquelles elle ne demandait rien pour
elle-même, mais stipulait avec une générosité inébranlable
en faveur de ses alliés. Cette paix étant faite, la France
soumise à un gouvernement déplorable se rétablit faiblement.

Pendant toute cette période de guerre, l'Espagne marcha toujours avec la France. La bonne administration du marquis de Castellar avait rétabli toutes les ressources du royaume, et l'avait mis à même de lutter dans ses colonies contre les attaques injustes et violentes de l'Angleterre, qui voulait comme toujours lui imposer la contrebande.

Quand fut ouverte la succession d'Autriche, Philippe V eût voulu peut-être se contenter de déclarer ses droits sur l'Italie, sans entreprendre de les faire valoir surtout par les armes : mais cette réserve timide ne pouvait convenir à sa seconde épouse, Isabelle de Parme. Cette femme vraiment extraordinaire, qui toujours marchait audacieusement à l'accomplissement de ses desseins, tenait trop à assurer en Italie un trône à son second fils. Aussi, non-seulement déclara-t-elle ses droits, mais encore les fit-elle valoir avec une vivacité impérieuse, et qui passionna les luttes qu'elle poursuivit avec opiniâtreté. Pendant toute la guerre, elle maintint les armées espagnoles en Italie, puis coopéra avec la France aux luttes maritimes contre l'Angleterre.

Au milieu de cette guerre, Philippe V mourut (1746). Roi peu brillant et trop dévot, il laissa subsister encore bien des abus en Espagne ; cependant il amena véritablement la régénération de ce beau pays. Ferdinand VI, qui mérita le surnom de Sage, le remplaça. L'Espagne gagna de plus en plus en prospérité intérieure ; et, par le traité d'Aix-la-Chapelle, la France lui fit obtenir en Italie le second royaume qu'avait convoité si longtemps l'ambition d'Isabelle.

Depuis le traité d'Utrecht, le Portugal vivait en paix sous le pouvoir absolu de Jean V, prince d'une dévotion pusillanime et d'une débauche effrénée, qui livrait les richesses de son pays au clergé et au pape, puis à l'exploitation insatiable des Anglais. Ce roi misérable mourut en 1750, pauvre, imbécile et dévoré de remords, ayant dépouillé le Portugal de toutes ses libertés, ayant livré ses richesses aux étrangers, anéanti l'agriculture, les fabriques, le commerce, la marine, l'armée.

Depuis longtemps, l'Italie ne constituait plus une patrie ; et ses peuples, partagés entre des souverains, n'assistaient généralement aux faits politiques et militaires que pour en souffrir ; elle se soumettait, vivait, mais se préoccupait peu des intérêts généraux. Parmi ces états d'Italie, la position était fort diverse, quelques-uns cependant commençaient à montrer de la valeur.

Le Piémont, constitué par l'activité ardente de Victor Amédée, était passé dans les mains de Charles Emmanuel, qui fut, comme ses prédécesseurs, habile politique en guerre et en administration, mais, comme eux aussi, intéressé et sans foi au milieu des luttes incessantes de la France et de l'Autriche. Les ressources et les forces du Piémont étaient bien constituées et bien conduites. Pendant toute la guerre de la succession, le Piémont, tout en négociant constamment contre la France, lutta sans relâche contre ses armées et finit par obtenir, à la paix, une augmentation de territoire.

Le Milanez, les duchés de Mantoue, de Parme, de Plaisance, de Modène, de Reggio, de Toscane étaient devenus, depuis la paix d'Utrecht, l'occasion de discussions, de traités et de guerres. Ils se trouvèrent sans cesse ballottés et ravagés par les armées belligérantes de France, d'Autriche, d'Espagne et de Piémont. A la paix d'Aix-la-Chapelle, le Milanez, sauf quelques parties que s'appropria le Piémont, resta à l'Autriche qui le fit prospérer. Mantoue, Parme,

Plaisance formèrent un royaume pour un fils d'Espagne qui les laissa végéter dans l'obscurité. Le duché de Modène, ravagé par la guerre, vit ses maux comblés par le mauvais gouvernement de son duc François III. Quant à la Toscane, opprimée et ruinée par l'administration sombre, tyrannique et licencieuse de Cosme III, elle commençait à revivre sous les ministres de François, duc de Lorraine, qui épousa Marie Thérèse et fut élevé à l'Empire en 1745.

Pressée entre les attaques des Turcs, entre la politique et les opérations armées de la France et de l'Autriche, Venise avait abdiqué toute action vigoureuse et ne travaillait qu'à se maintenir dans une tranquillité inerte, qui assura la jouissance de l'indolence et des richesses à ses nobles. Désormais, sans énergie et sans esprit national, toujours en crainte des désordres domestiques, elle vivait dans l'isolement et la peur, transformant tout le Gouvernement en police vigilante et implacable, s'enfermant dans une neutralité impossible à faire respecter. Il en était de même de la petite République de Lucques, qui, foulée sans cesse par les armées belligérantes, était tombée dans l'abattement et laissait périr toute activité industrielle et commerciale.

Gênes enfin, gouvernée aussi par une oligarchie odieuse au peuple, voyait ses possessions, telles que la Corse, se révolter contre son autorité dure et injuste. Cette république paraissait condamnée à l'inertie, comme ses émules, quand la France parvint à la faire entrer dans son grand mouvement de guerre. Gênes reçut ainsi le souffle d'un principe de vie et d'énergie; il se manifesta, avec un éclat extraordinaire, en 1746, par le soulèvement du peuple qui chassa les Autrichiens et reconquit l'indépendance, qui lui fut assurée grâce à la généreuse protection de la France.

Au centre de l'Italie, les États romains, malgré les hautes

vertus et les grands talents de ses pontifes, tombèrent avec rapidité sous l'accumulation de vices invétérés. Clément XII et Benoit XIV surent comprendre l'esprit philosophique de leur temps, et se faire estimer et respecter par toutes les puissances, remettant à force d'ordre et d'économie un peu de vie et de bien-être dans leurs états.

Le royaume des Deux-Siciles, conquis et possédé par don Carlos qui avait pris le titre de Charles VII, prospérait sous une administration sage et bienfaisante, qui s'efforçait de débrouiller le cahos des institutions dont on avait successivement accablé le pays. Au milieu de ses travaux législatifs, Charles VII dut prendre part aux opérations de la guerre de succession d'Autriche; placé entre les attaques des Autrichiens et celles des Anglais qui ravageaient ses côtes, il sut se défendre avec énergie. Débarrassé par la paix de 1748, il se remit à bien gouverner son royaume.

La Suisse, depuis le traité d'Arau (1712) qui avait fini la grande guerre civile entre les catholiques et les protestants, continua de rester en dehors des grandes luttes européennes, vivant et travaillant en toute liberté dans ses montagnes, faisant fleurir l'agriculture, le commerce, l'industrie, les arts et les sciences, malgré quelques agitations partielles dans l'intérieur des cantons, et malgré le relâchement de l'Union fédérale.

L'Angleterre, depuis qu'elle avait à sa tête des électeurs rois de Hanovre, voyait le désordre s'établir dans l'état politique et dans l'état moral, épuisait ses finances à entretenir des guerres maritimes ou continentales, qui étaient faites plutôt au point de vue des intérêts du Hanovre que de ceux bien entendus de l'Angleterre.

Georges Ier était mort en 1727. Politique sage et habile, il n'avait gouverné cependant qu'en froissant l'esprit national, qu'en dominant d'une manière absolue par un système général de corruption. Le ministre Walpole conserva la haute influence sous son successeur Georges II; dès lors toute la nation fut lancée dans une voie de spéculation et de corruption qui n'eut plus ni borne, ni pudeur. Toute espèce de guerre fut systématiquement repoussée comme devant absorber des ressources dont on avait besoin pour acheter les opinions. Cependant le sentiment national réagissait fortement contre ces turpitudes et, en 1739, Walpole fut forcé d'entreprendre des armements considérables contre les colonies espagnoles en Amérique.

Dans le premier élan de la nation, on porta ces armements à des chiffres assez considérables; ainsi, une flotte contenant 15,000 marins et 12,000 soldats de débarquement vint attaquer la nouvelle Espagne, pendant que le roi d'Angleterre lui-même, prenant fait et cause dans la guerre continentale, soutenait par ses subsides et ses troupes Marie-Thérèse et les petites puissances qui avaient embrassé son parti. Mais, ni en Amérique, ni dans la Méditerranée où la flotte britannique fut battue par des forces inférieures devant Toulon, ni en Flandre où la victoire de Fontenoy les frappa rudement, les Anglais n'eurent de succès. Et bientôt, l'entreprise de Charles Stuart porta le trouble et le danger au foyer même de l'Angleterre, qui en fut réduite à rappeler ses troupes du continent et à déployer les plus grands efforts pour reconstituer ses éléments militaires, à appeler même les étrangers de Hollande et de Hesse à son secours. — Débarrassés de ces attaques, à la suite de luttes qui furent suivies d'exécutions atroces, les Anglais vinrent de nouveau dans les armées du continent contre la France et conti-

nuèrent leur puissante action maritime, notamment dans
les Indes. Les défaites de Raucoux et de Lawfeld, la perte
de Madras, leur défaite devant Pondichéry, leur fit cruellement sentir les inconvénients d'une guerre qui les ruinait
le plus souvent en pure perte ; car, à la paix de 1748, ils
durent rendre tout ce qu'ils avaient conquis et ne conser-
vèrent qu'une dette de 2 milliards. Du reste, instruits par
cette expérience, ils portèrent désormais toute leur attention
et toute leur activité sur le soulagement des impôts, sur
l'activité du commerce et de l'industrie, sur la grande colonisation.

Le Hanovre, la Hollande et aussi la Hesse étaient attachés à la politique de l'Angleterre et marchèrent toujours
avec elle pendant cette guerre. La Hollande, peu disposée
à faire la guerre, fournissait surtout ses richesses. Cependant, les victoires des Français dans les Pays-Bas la forcèrent à se défendre sur son propre territoire ; et, comme ce
peuple de commerçants n'avait plus ni énergie militaire, ni
armée, car les meilleures troupes étaient prisonnières en
France, ni bons généraux, ni forts marins, il pensa devoir
employer des remèdes extrêmes ; aussi rétablit-il le Stathou-
derat, c'est-à-dire une véritable royauté (1747) et fit-il appel
à l'armée et à la marine russes. Mais les conquêtes des Français, qui enlevèrent vigoureusement les places les plus fortes
de la Hollande, déterminèrent enfin cette contrée à signer
la paix.

L'Autriche, sous l'empereur Charles VI, avait réalisé
de grands progrès dans les sciences, les arts, l'agriculture,
le commerce, l'industrie, les communications, etc. ; mais
l'ambition inquiète et belliqueuse de ce monarque l'avait

lancé dans une foule d'entreprises et de guerres qui ne lui avaient amené que des échecs. En 1740, quand mourut Charles VI, l'empire autrichien était encore un des états les plus vastes et les plus puissants de l'Europe; cependant, l'unité et la cohésion manquaient entre les diverses parties; les forces militaires tombaient dans un état de véritable délabrement; les finances étaient complétement ruinées; l'anarchie régnait dans le gouvernement et dans les administrations.

A 24 ans, Marie-Thérèse se trouva placée à la tête de cet empire, contre lequel se liguèrent bientôt des compétiteurs nombreux et redoutables. Grande de cœur, forte d'esprit et de courage, Marie-Thérèse resta calme et confiante, au milieu des orages qui se déchaînèrent contre elle, surexcita toutes les parties de ses états, et parvint, à force d'ordre, d'activité, de génie et de persévérance, à tenir tête à tous ses ennemis.

Secourue par l'Angleterre, la Saxe, la Hollande, le Piémont et par plusieurs petits états allemands, l'Autriche résista aux attaques que Frédéric renouvela trois fois contre elle, en même temps qu'elle refoulait les Français et les Bavarois qui l'avaient poursuivie jusqu'en Bohême. Elle parvint ainsi, non-seulement à se maintenir, mais encore à rejeter tout le poids de la guerre sur la France; et elle grandit de telle sorte qu'elle était plus que jamais en état de pousser ses attaques, quand la conclusion de la paix entre la France, l'Angleterre et la Hollande, la détermina à signer le traité d'Aix-la-Chapelle (1748). Ce fut alors que, surexcitée et régénérée par sa puissante impératrice, elle travailla grandement à faire fructifier toutes ses ressources, et notamment à réorganiser ses forces militaires.

A côté de cette Autriche et toujours contre elle, s'élevait la puissance de plus en plus redoutable de la Prusse, sous la conduite du jeune Frédéric, dont le génie actif et ambitieux allait mettre en action les forces et les ressources que son père avait préparées avec tant de soins, dans l'industrie, les finances et l'état militaire.

Le premier, avec une grande célérité et sans avertissement, il envahit la Silésie et donna ainsi le signal de la grande guerre de la succession d'Autriche. Vainqueur, il s'efforça par sa politique habile, mais peu franche, de s'allouer des avantages, puis de se maintenir immobile entre la France et l'Autriche surexcitées à s'épuiser mutuellement, ménageant ses forces et prêt à se précipiter sur la puissance qui deviendrait trop dominante.

Et pendant ces moments d'expectative, Frédéric travaillait à développer les ressources de ses états, augmentait l'armée, fortifiait ses places de guerre. L'Autriche ayant poussé vivement ses succès contre les Français et les Bavarois, Frédéric rentra de nouveau dans la guerre et envahit la Bohême. Malgré ses victoires, obligé de battre en retraite devant les forces supérieures des Autrichiens, il tomba sur les Saxons, les battit et s'empara de Dresde où il dicta une nouvelle paix, qui, tout en lui laissant ses conquêtes, lui permit de consacrer la force et l'activité de son génie au développement de son royaume.

Entre ces deux puissances de la Prusse et de l'Autriche, les autres états de l'Allemagne jouaient un rôle fort secondaire. Les différents électeurs, surtout ceux de Mayence et de Cologne, étaient attachés à l'Autriche; il en fut de même de la Saxe qui, après avoir agi contre elle, se fit son alliée, mais eut lieu de s'en repentir. Quant à la Bavière, ruinée déjà par les dépenses fastueuses de l'électeur Maximilieu, elle avait vu ses forces militaires très-réduites ; malheureusement encore, Charles Albert, joignant à des excès de dépense et de gaspillage l'ambition qui le porta à se faire nommer empereur, se lança impuissant, dans une carrière de luttes pour lesquelles il fut soutenu pendant quelques temps par la France, mais qui consommèrent la ruine de ses états. Mort de chagrin en 1745, il fut remplacé par son fils qui ne s'occupa que de réparer les maux accumulés depuis quarante ans sur le pays, et de faire revivre les éléments de travail et de prospérité.

Au nord de cette masse de l'Allemagne, le Danemark, depuis la paix qu'il avait conclue avec la Suède, jouissait d'une longue période de tranquillité et de bien-être, réduisant ses forces militaires, activant les travaux et les arts de la paix, organisant de grandes et lointaines entreprises coloniales. Son roi Christian VI avait conclu, en 1734, avec la Grande-Bretagne un traité par lequel les deux puissances se promettaient assistance réciproque. Aussi, dès le commencement de la guerre, envoya-t-il 6,000 Danois au secours de l'électorat de Hanovre. Mais ces opérations n'eurent pas grande suite, et le Danemark resta toujours en paix jusqu'à la mort de Christian VI (1746) qui fut remplacé par son fils Frédéric V, un des plus illustres et des plus bienfaisants monarques du XVIIIe siècle.

La Suède avait travaillé pendant vingt ans à réparer les désastres que lui avaient amenés les guerres de Charles XII ; mais les dissensions intestines arrêtaient son développement pendant que les puissances de la Prusse et de la Russie grandissaient autour d'elle. Partagés entre le parti français, qui voulait réveiller l'énergie et la grandeur de ce royaume, et le parti russe qui ne voulait que la tranquillité intérieure,

même au prix de l'honneur, le Gouvernement et la nation
oscillaient au milieu de la politique des grandes puissances.
Au commencement de la guerre, le parti français parvint à
dominer assez pour entraîner la Suède à faire la guerre à
la Russie : mais cette guerre fut peu longue ; car les ressources, l'habileté et l'énergie manquèrent aux Suédois,
qui se trouvèrent heureux de traiter avec les Russes et de
se tenir désormais en dehors des luttes européennes.

A l'est de l'Allemagne, la malheureuse Pologne avait été
placée par la Russie sous l'autorité de l'électeur de Saxe,
Auguste III. Ce prince indolent, borné et dépensier, aban-
donnait l'administration du pays à la plus complète anarchie, à l'indifférence la plus absolue. La nation s'oubliait,
se trouvait comme heureuse au milieu des douceurs d'une
molle anarchie; mais les hommes sérieux sentaient bien que
cet état de choses ne pouvait durer longtemps. Deux grands
partis se formaient : l'un qui voulait le maintien de la République avec moins d'abus pour la diète et pour le chef
électif; l'autre, ayant en tête les Czartorinski, déclarait la
République impossible et voulait le régime constitutionnel
avec une royauté héréditaire. Pendant vingt ans, la Pologne
resta dans cette torpeur anarchique.

Au sud de l'Europe orientale, la Turquie avait vu son
sultan Achmet III, prince indolent et avare tomber devant
une révolution amenée par quelques janissaires. Il fut remplacé par Mahmoud dont le despotisme soupçonneux et
cruel redonna un peu d'énergie aux opérations militaires
et rétablit un peu d'ordre dans l'empire. La guerre de Perse
contre le fameux Khouli-Khan, celle contre les Russes et
contre les Autrichiens dans la Crimée et les provinces danubiennes, se terminèrent sans grande perte pour la Turquie
et amenèrent des traités qui la firent rester dans une paix

absolue pendant toute la durée de la grande guerre de la
succession; alors qu'elle aurait pu frapper un coup décisif
contre l'Autriche, sa vieille et continuelle ennemie.

La Russie, que Pierre le Grand avait posée si formidable derrière l'Europe orientale, continuait à grandir malgré les désordres intérieurs qu'amenaient la faiblesse des
gouvernants qui étaient des femmes ou des enfants, les ambitions extrêmes et le despotisme cruel des favoris, la lutte
entre le parti national et le parti des étrangers, enfin les
prétentions d'une noblesse qui pensait toujours à transformer le gouvernement en république aristocratique. Ce fut
cette dernière considération qui amena, en 1730, la présence de la princesse Anne Iwanowa sur le trône. Elle pro-
mit tout ce qu'on lui demanda; mais bientôt, dominée par
Biren son favori, elle soumit la Russie au despotisme le
plus absolu et le plus barbare, bouleversant incessamment
par la spoliation, l'exil, la prison et les exécutions sanglan-
tes, les plus grandes familles de l'empire.

Malgré ce despotisme écrasant, la Russie poursuivit ses
attaques extérieures; elle mit le pied sur la Pologne, qui
se trouva désormais plongée dans l'impuissance et la dissolution; puis, de concert avec la Perse et l'Autriche; elle
combina contre la Turquie une suite d'attaques formidables qui devaient humilier, paralyser, dépouiller cette puissance à la place de laquelle elle voulait reconstituer l'empire grec. Mais cette combinaison d'efforts fut mal conduite;
les Russes, malgré leurs efforts considérables dans la Crimée
et dans les provinces danubiennes, ne purent réussir contre
les Turcs qui, d'un autre côté, battaient les Autrichiens. (1)

(1) Cette guerre des Russes contre la Turquie présente des opérations
d'artillerie remarquables.

La paix de Belgrade mit fin à cette guerre qui fut remplacée par les opérations de la Russie contre la Suède, qui

---

Comme nous n'avons pu en parler dans le second volume de cette histoire générale ; comme, de plus, nous ne saurions les faire intervenir dans le courant des opérations de la guerre de la Succession d'Autriche, nous donnons en note le récit des faits principaux (1736 à 1740).

Pendant la période pacifique qui suivit la mort de Pierre le Grand, l'armée et la marine russes dépérissaient ; tous les établissements militaires, qui avaient été créés au prix de tant de sacrifices et de tant d'efforts, se trouvaient arrêtés dans leur développement.

Mais l'impératrice Anne, à peine montée sur le trône, travailla à rétablir fortement la puissance militaire de la Russie ; elle fit un choix excellent en confiant cette œuvre de réorganisation au comte de Munich, qui fut son grand maître de l'artillerie. Munich travailla à réorganiser les établissements producteurs, en même temps que les corps de l'artillerie et du génie, pour lesquels il fit appel aux étrangers, et notamment aux Prussiens.

Bien que prudente et très-réservée, la Russie, constamment attentive à tous les événements de l'Europe, ne craint pas d'engager ses forces ; elle montre partout le progrès qu'elles ont réalisé et la puissance du feu qu'elles ont acquise. C'est ainsi que, dans la Crimée, 4,000 Russes arrêtent, par le feu de leurs pièces de campagne, 25,000 Tartares qui veulent envahir. C'est ainsi encore que les Russes figurent au siége de Dantzick, avec une nombreuse artillerie de campagne dont le plus fort canon est de 8. C'est ainsi enfin qu'ils avancent jusque sur le Rhin avec un ordre et une organisation qui étonnent tout le monde.

Mais c'est surtout contre la Turquie, cet immense empire dont elle médite incessamment l'affaiblissement, puis la conquête, que la Russie concentre de grands efforts militaires. Le comte Munich veut les diriger en personne. Pierre le Grand avait fait d'immenses préparatifs pour ces opérations : mais, depuis lui, on avait tout laissé sans emploi ; les armes et les munitions s'étaient dégradées, perdues dans les places de la frontière de l'Ukraine. Munich fit réparer ce matériel, puis reprendre la construction de cinq immenses lignes de retranchements, qui avaient cent lieues de développement et étaient flanqués par des redans et des redoutes appuyées par quinze grands forts. Une vigoureuse population à la fois agricole et militaire et comprenant 200,000 familles fut établie sur ces points, et devait donner à la Russie une pépinière d'excellentes troupes. En même temps, Munich imprimait la plus grande activité à tous les ateliers militaires fut appelée par la France et la Prusse à jouer un rôle dans les premières années de la guerre d'Autriche. Mais l'immense

---

et maritimes, notamment aux chantiers de Wolonitz et de Briansk.

Le 21 avril 1736, Munich se met en route pour la conquête de la Crimée à la tête d'une armée de 54,000 hommes, ayant le prince de Hombourg pour grand maître de l'artillerie.

Cette armée traîne à sa suite plus de *quatre-vingt-dix mille chariots*. Il fallait, en effet, des vivres pour six mois; et puis, en outre, de l'artillerie, des munitions et des équipages de pontons, chaque régiment avait son artillerie et son pont de tonneaux.— (*Histoire politique et militaire de la Russie*, par le général de Manstein).

L'armée s'avance dans les plaines, le long du Dnieper, formée en carré avec les équipages au centre, hérissée de piques et de chevaux de frise, bordée d'artillerie qui maintient, puis repousse les attaques d'une armée de cent mille Tartares; ces derniers harcèlent sans cesse et obligent l'armée russe à construire des redoutes pour assurer sa ligne de communications avec l'Ukraine.

On arrive devant les fameux retranchements des lagunes de Pérékop; ces retranchements s'étendent sur une longueur de deux lieues, de la mer d'Azof à la mer Noire; ils sont précédés d'un fossé large de 12 toises et profond de sept, puis flanqués par des tours en maçonnerie. On leur donne l'assaut après une vive canonnade, on les enlève ainsi qu'une soixantaine de canons qui les garnissaient; puis, on bombarde Pérékop dont les murailles en mauvaise maçonnerie tombent aux premières salves.

L'armée pousse en Crimée, constamment formée en carré et harcelée sans cesse par les Tartares que le canon seul peut maintenir. Elle soumet facilement plusieurs villes qui n'avaient que de faibles murailles, défendues par une vingtaine de mauvaises pièces; ensuite, ayant épuisé ses ressources, décimée par la maladie, elle est obligée de revenir en Ukraine, après avoir détruit en grande partie les lignes de Pérékop.

Cependant la ville d'Azof est attaquée; la grosse artillerie russe descend le Don. La ville est bombardée à la fois par mer et par terre; elle reçoit les projectiles en quantité telle, que, malgré ses 163 canons et ses quinze mortiers, malgré ses lignes de palissades et ses murailles, elle est forcée de capituler, parce que les bombes et les obus ont fait de l'intérieur un monceau de ruines.

Pour la campagne de 1737, Munich fait de grands préparatifs et, dès le premier jour d'avril, il fait descendre le Dnieper à ses troupes, embarquant son infanterie sur de grandes chaloupes armées de quatre canons de 3 ou supériorité des Russes eut bientôt raison des tentatives faibles et mal conduites des Suédois.

---

de huit de 1. Il cantonne, passe le Dnieper sur un pont de 500 toises de longueur et le Bug sur trois ponts. L'armée s'avance formée en trois carrés, forte de 65,000 hommes, dont 13,000 Cosaques et 3,000 hommes de l'artillerie; elle mène à sa suite un grand parc qui comprend : la grosse artillerie, composée de 62 canons de 24 et 18, 16 obusiers et 11 mortiers; le parc de campagne, composé de 165 canons des calibres de 3 à 12, y compris les canons de régiment; puis, enfin, 392 petits mortiers pour des grenades de six livres. En outre, de cette artillerie, de grands bateaux chargés de munitions doivent descendre le Dnieper et venir par mer pour alimenter les siéges qui seront à faire. Toute cette artillerie est commandée par le prince de Hesse-Hombourg, qui paraît généralement la conduire assez mal, de manière à mécontenter le comte Munich. Les charrois pour cette artillerie, pour les vivres et pour les bagages, sont encore énormes. Après le passage du Bug, l'armée reçoit 28,000 chariots et 2,000 chameaux, en outre des équipages qui dépassent 250 chariots par régiment et des flotilles qui, descendant le Dnieper, doivent cotoyer la mer Noire.

Dès les premiers jours, cette armée chemine avec peine : elle ne fait guère que trois à cinq lieues par jour, et cependant la grosse artillerie ne peut suivre, de sorte, qu'on est obligé de la laisser en arrière. Le 11 juillet, on approche d'Otchakow. La ville n'a que de mauvaises murailles ; sa garnison est forte; l'artillerie comprend 88 canons, 7 mortiers et 1 obusier. La garnison sort pour venir attaquer les Russes, mais elle est refoulée par leur artillerie. Munich s'avance alors à l'attaque de la ville, à la faveur de jardins et d'obstacles; on se fusille et on se canonne pendant deux jours. Ensuite, Munich, ayant trouvé une terrasse de jardin très-commode pour y établir toute son artillerie, y fait venir les gros canons, les mortiers et les pièces de campagnes; il les établit sans parapets et sans préparatifs, fait tirer pendant deux jours et une nuit, à toute et volée, sans relâche, dans la ville où de nombreux incendies se manifestent. Munich s'avance alors à l'attaque avec toute son armée, mais il est repoussé. Il croyait tout perdu quand l'incendie qui s'étend fait sauter un grand magasin à poudre, puis trois ou quatre autres. Ces explosions bouleversent entièrement la ville dont les Russes s'emparent.

Munich fait travailler vivement à rétablir les fortifications, puis se remet en marche pour remonter le long du Bug, laissant à Otschakow une bonne partie du grand parc, pour lequel les charrois manquaient. Le pays avait été dévasté par les Tartares, l'herbe était brûlée. Aussi l'armée eut des

2.

Anne étant morte en 1740, Ivan, encore au berceau, fut nommé empereur. Ce fut alors que les ambitions se

---

peines très-grandes. Dès les premiers jours, l'artillerie ne peut marcher; ses attelages succombent; plus du quart du matériel est abandonné sur place; alors, on se décide à construire le fort de Saint-André où on l'abandonne en grande partie avec deux régiments, pour être prise par la flotte et transportée à Otschakow. La marche continue, les maladies et la disette déciment l'armée. Enfin, le 30 juillet, on jette deux ponts sur le Bug et l'on rentre en Ukraine. L'artillerie seule avait perdu dans cette campagne plus de 15,000 paires de bœufs. Si les ennemis avaient eu quelque valeur et eussent poussé vivement, presque toute cette artillerie était prise.

Cependant, les Turcs étaient revenus, vers la fin d'octobre, pour reprendre Otschakow, mais la ville était bien renforcée et avait un armement formidable: car, en outre de ce que Munich y avait laissé ou dirigé, la flotte partie du Dnieper y était arrivée dès les premiers jours du mois d'août. Aussi les Turcs, malgré de fortes batteries de canons de 24, 18, 12, et de mortiers qui firent beaucoup de mal à la ville, furent constamment repoussés dans leurs assauts, et se retirèrent après avoir perdu près de 20,000 hommes dans deux jours d'attaque.

En 1738, Munich se remet en campagne. Cette fois, le prince de Hesse Hombourg est remplacé, dans le commandement de l'artillerie, par le baron de Lowendhal, qui la conduit de manière à satisfaire tout le monde et à produire de grands effets. Le 3 juillet, l'armée passe le Bug sur trois ponts, dont un de pontons et deux de bateaux; elle s'avance en trois divisions formant chacune un carré. Les ennemis attaquent sans cesse; l'artillerie, parfaitement dirigée, les maintient; au combat de Roduna, elle produit un effet décisif; au combat de Sarran, Lowendhal l'établit sur le flanc des Turcs et leur fait un mal affreux. L'armée arrive sur le Dniester: mais là, elle se trouve arrêtée par la grande armée turque qui a 60 gros canons et 15 mortiers en batterie. Munich fait contre-battre et bombarder le camp ennemi: mais il ne peut le forcer. La disette et la maladie ravagent son armée; il est obligé d'enterrer une partie de son artillerie dans le désert et d'en envoyer beaucoup en Pologne.

Pendant ces opérations sur le Bug et sur le Dniester, le général Lascy, avec une autre armée russe, poursuivait les opérations dans la Crimée. En 1737, il tourne les lignes de Pérékop en faisant passer le détroit sur des radeaux. En 1738, il passe la mer d'Azof, enlève à force de bombes la ville de Pérékop qui avait une centaine de canons, et pousse constamment ses donnèrent carrière, et que les luttes intérieures s'engagèrent entre les favoris, les princes et les grandes familles, jusqu'au

---

opérations en Crimée, où les Tartares le harcèlent sans relâche et ne cèdent que devant sa nombreuse artillerie de campagne.

En 1739, Munich se met en route dès le mois de juin. Son armée est de 60,000 hommes. Son parc comprend 89 pièces de siége, 170 pièces de campagne et quantité de petits mortiers. Il traverse la Pologne et marche contre les Turcs sur le Dniester. Les pluies et la difficulté des terrains retardent beaucoup la marche de sa grosse artillerie, aussi est-il généralement obligé de la laisser en arrière avec les bagages, sous la protection de 20,000 hommes, pendant qu'il s'avance rapidement pour manœuvrer contre les Turcs.

Enfin, le 27 août, l'armée réunie et formée en un vaste carré, qui est flanqué par deux autres plus petits, s'avance contre la grande armée turque, qui est entourée de batteries, sur les hauteurs de Stawouschane.

Munich menace d'abord la droite ennemie, en faisant avancer contre elle Lowendhal avec trente canons et quatre mortiers. Mais les Turcs dressent immédiatement deux nouvelles batteries pour lui répondre. Alors, Munich rappelle Lowendhal et fait marcher toute son armée par la droite, pour tomber sur la gauche des Turcs. Le passage d'une petite rivière se fait sous la protection d'un feu roulant d'artillerie; puis, les troupes, soutenues par ce feu, s'avancent sans s'arrêter contre les Turcs; ces derniers font en vain transporter de l'artillerie à leur gauche : le feu des Russes les ravage au point qu'ils finissent par se sauver laissant, soit sur le champ de bataille, soit sur les chemins de leur retraite, des quantités considérables de pièces, de voitures et de munitions.

Munich poursuit vers la Moldavie. La ville de Chotzim, quoique très-forte et armée de 189 pièces, capitule sans résistance. L'armée passe le Pruth sur trois ponts; elle poursuivait sa marche, quand elle se trouve arrêtée par la nouvelle de la paix qui venait d'être conclue entre les Turcs et les Impériaux.

Munich se plaignit vivement du peu d'égards que l'on avait pour les sacrifices énormes que la Russie faisait dans cette guerre.

« Croyez bien, écrivait-il, à Lobkowitz, que, pour pourvoir d'artillerie et de magasins une armée qui doit tout porter avec elle pendant 200 lieues, il faut plus de 200,000 chevaux, bœufs ou chameaux qui, à la fin de la campagne, sont tous hors de service. »

Enfin, la paix étant faite, Munich dut ramener son armée; il éprouva des peines très-grandes pour son artillerie, surtout au passage du Dniester

moment où Élizabeth usurpa le pouvoir. Elle s'empressa
de faire massacrer ou chasser des administrations, des villes
de l'armée, tous les étrangers que les gouvernements précédents avaient attirés et protégés avec tant de soins, et
qui avaient si puissamment contribué aux progrès de la
Russie. La réaction nationale fut profonde. Partout l'igno-
rance, la barbarie et l'incapacité reparurent avec la vanité.
La marine et l'armée tombèrent en état de faiblesse et de
grossièreté. Les Russes retournèrent, par la pente invincible
de leurs mœurs, à la servitude religieuse ; et, comme ils
étaient formés en même temps au despotisme militaire, *ils
étaient parvenus au plus bas degré d'esclavage qui ait jamais
été chez les hommes.* (Rulhière).

Elizabeth était incapable de s'appliquer aux affaires. Le
russe Bertucheff, qui s'était emparé du gouvernement
disait bien que l'état naturel de la Russie était la guerre ;
mais la faiblesse d'Elizabeth et son horreur pour le sang,
malgré sa tyrannie, paralysèrent ses efforts ; et à part le
quelques opérations contre la Suède, la Russie n'agit pas
dans la guerre de la succession d'Autriche. Cependant
vers la fin de cette lutte, les ennemis de la France par-
vinrent, à force de subsides, à déterminer la Russie à fourni
37,000 hommes et 50 galères : mais les troupes étaien
à peine arrivées en Franconie quand la paix fut conclue.

Les luttes entre les puissances européennes s'étaien
étendues dans les vastes colonies de l'Inde et l'Amérique
L'Angleterre y poussait, avec une grande vigueur, pou

qui charriait, de sorte que les ponts étaient impossibles. Lowendhal fi
passer ses canons sous la glace, en les tirant par des cabestans le long de
cables tendus d'une rive à l'autre.

ruiner la marine et le commerce de la France et de l'Espagne. La lutte prenait une importance considérable, surtout dans les Indes. Là, le génie colonial de la France s'é-
tait développé sur une grande échelle et avec une puissance
extraordinaire. Pondichéry, fondé par François Martin,
était parvenu, en quelques années, à avoir une population
de cent mille âmes et était devenu, sous l'administration
du gouverneur Dumas, la capitale d'une grande colonisation et d'un vaste commerce. En même temps, Dupleix
faisait de Chandernagor la capitale de la colonisation française dans le Bengale ; et Labourdonnaye donnait aux
îles de France et de Bourbon, sur la route de Madagascar
aux Indes, une prospérité magnifique. Les Anglais luttaient
avec énergie contre le développement que ces trois grands
gouverneurs donnaient à la puissance de la France, et
profitaient avec habileté des fautes que la rivalité et l'ambition leur faisaient commettre. Madras, la capitale de la
puissance anglaise, fut prise et reprise ; Pondichéry fut
vainement assiégé par les Anglais. La paix d'Aix-la-Chapelle mit fin aux hostilités armées : mais elles ne devaient
pas tarder à recommencer.

SECTION II.

Etat général de l'artillerie. — Constitution de l'artillerie française. — Administration, direction, personnel. — Artillerie d'Espagne. — Italie. — Angleterre. — Hollande. — Hanovre. — États allemands. Saxe. — Bavière. — Autriche. — Turquie. — Suède. — Russie. — Prusse. — État des sciences mathématiques appliquées à l'artillerie. Matériel de l'artillerie. — Bouches à feu. — Canons, obusiers et mortiers. — Projectiles. — Munitions. — Armements. — Affûts de campagne, de siége, de place et de mortiers, — Voitures.

De grands changements dans l'artillerie des divers états allaient résulter de rapports plus intimes entre les différentes armées de l'Europe et d'un système de guerre plus actif, sur des terrains plus étendus et plus variés. Ces changements, imposés le plus souvent à la hâte par les chefs qui conduisaient les opérations politiques et militaires, froissaient presque toujours les principes et les traditions du personnel de l'artillerie, qui était parvenu à une grande puissance de constitution spéciale. De là résultèrent des luttes continuelles entre les novateurs et les conservateurs, luttes de plus en plus vives, qui s'adressaient à toutes les parties de l'artillerie et qui devaient faire sortir de la masse des discussions un progrès réel.

En entrant dans ce vaste champ de faits, il est nécessaire de bien établir dans quel état les époques précédentes avaient laissé l'artillerie, comment cette institution était implantée dans le pays, comment elle était régie dans son ensemble. Cela est surtout indispensable pour la France, dont les institutions en artillerie offraient, par leur étendue et leur perfection, les modèles que toutes les puissances de l'Europe s'étaient efforcées d'imiter.

L'institution organique de l'artillerie avait été réglée en France par l'ordonnance de 1703, qui supprima tous les anciens offices et en constitua de nouveaux, mieux définis et mieux ordonnés. Cette ordonnance, modifiée successivement dans quelques-unes de ses parties, resta toujours en vigueur pendant cette époque : seulement, il faut reconnaître que les échelons supérieurs de l'organisation spéciale voyaient leur action diminuer de plus en plus, à mesure que la masse de l'artillerie se militarisait.

Conformément au système général du gouvernement de la France, l'artillerie formait un véritable état spécial dans l'état général. Nulle autre institution n'était plus vaste et plus fortement constituée dans son isolement; elle avait ses circonscriptions territoriales, son personnel extrêmement varié, civil et militaire, son matériel, ses établissements conservateurs et producteurs, ses écoles, son administration, ses finances, sa justice, ses services de religion, de santé, etc.

En tête de cet état spécial était le grand maître et capitaine général de l'artillerie. Cette haute charge de la couronne comprenait la surintendance, l'exercice et le gouvernement de l'artillerie, tant dans les territoires soumis à l'autorité du roi que dans toutes les entreprises de guerre à l'extérieur. Le grand maître pouvait, à volonté, visiter, classer, déplacer le personnel et le matériel; il avait la direction générale des retranchements et tranchées, l'ordonnancement de tous les paiements, le contrôle des marchés, la délivrance des commissions pour tous les emplois, enfin, des droits de jouissance et d'autorité dans une foule d'opérations.

Pour exercer son commandement, le grand maître déléguait son autorité, soit dans l'intérieur du territoire, soit aux armées, à des lieutenants généraux, au nombre de douze environ, qui agissaient en son nom et correspondaient aussi avec le ministre. Ces lieutenants généraux avaient sous leurs ordres des lieutenants provinciaux, au nombre de vingt-cinq à trente, qui pouvaient aussi commander les équipages d'une armée.

Ces chefs généraux de l'artillerie avaient sous leurs ordres immédiats, pour servir dans les arsenaux, les places, les parcs, etc., des commissaires provinciaux, des commissaires ordinaires et extraordinaires de différentes classes, des officiers pointeurs, etc.

C'était là l'état major ou le corps proprement dit des officiers de l'artillerie : il comprenait plus de deux cent soixante positions. Du reste, ce chiffre était variable suivant les circonstances de la guerre qui forçaient à en augmenter le nombre ; de sorte qu'à la paix, beaucoup de ces officiers se trouvaient sans emploi actif; plusieurs étaient alors attachés aux écoles d'artillerie, pour s'instruire et instruire eux-mêmes les cadets.

Les officiers avaient action sur l'ensemble des spécialités qui constituaient le service de l'artillerie, dans l'étendue de leur commandement : mais chacune de ces spécialités était organisée à part, sous la direction d'un commissaire général, qui était responsable et qui, généralement, fournissait lui-même les matières et même les agents de son service, en les faisant commissionner par le grand maître. Ces commissaires généraux étaient censés résider près du grand maître, qui expédiait toutes les affaires au moyen d'un secrétaire général conseiller du roi.

Ces directeurs des grands services spéciaux comprenaient :

1° Le contrôleur général, dont les attributions s'éten-

daient sur toutes les recettes et les dépenses tant matérielles que personnelles, sur les états généraux de situa-
tion, sur les marchés, les batiments, etc.; l'action de ce
directeur s'exerçait au moyen de contrôleurs provinciaux
et de commissaires distribués sur le territoire et dans les
armées ;

2° Le trésorier général, qui présidait à tous les mouvements de fonds de l'artillerie, d'après les états visés par le
contrôleur général ; ses opérations étaient soumises à la
chambre des comptes, après avoir été arrêtées par le grand
maître ;

3° Le garde général, qui avait la charge de tout le matériel dans les magasins et dans les équipages, et qui en
réglait les inventaires; deux cent trente gardes provinciaux ou de rang inférieur étaient placés sous sa direction;

4° Le surintendant des poudres et salpêtres. C'était là
une charge importante et extrêmement lucrative. Le surintendant ou commissaire général prenait à son compte la
fabrication de toutes les poudres dans le royaume, à la condition de vendre au public les poudres de chasse à un certain prix, en même temps que de livrer et entretenir une
certaine quantité de poudre de guerre dans les magasins de
l'Etat. Son action industrielle, commerciale et comptable,
était ainsi fort étendue, d'autant plus qu'elle s'exerçait aussi
sur la fabrication du salpêtre, dont les nombreux employés
étaient commissionnés et protégés par des édits spéciaux.
Pour exercer sa vaste direction du personnel et du matériel, le commissaire général devait avoir cinq inspecteurs,
ayant leur siège à Strasbourg, Douai, Metz, Lyon, Perpi-
gnan ;

5° Le commissaire général des fontes ; il avait action sur

les marchés et les opérations des diverses fonderies ; il as-
sistait aux épreuves pour la réception. En ce qui concerne
les objets de bronze, le gouvernement fournissait généralement les matières, qui étaient conservées dans des magasins ; le fondeur procurait les établissements et les ouvriers.
Quand aux objets de fonte de fer, ils étaient livrés en bloc
et finis par les diverses forges du royaume, notamment par
les forges de l'Angoumois, du Périgord et du Dauphiné
pour les pièces, de la Champagne pour les projectiles de
toute sorte ;

6° Le commissaire ou capitaine général des ouvriers. Les
travaux de toute sorte que nécessitent les voitures, les armements et les munitions de l'artillerie étaient faits par des
ouvriers choisis dans la masse civile, et qui recevaient un
brevet du grand-maître. Ces ouvriers devaient servir, à
toute réquisition de paix ou de guerre, et recevaient en
échange, outre leur paie, les privilèges d'impôts, de boutique, de maîtrise, d'emplacement, etc. ; tous ces ouvriers,
charpentiers, menuisiers, forgerons, serruriers, tonneliers,
chaudronniers, peintres, cordiers, etc., avaient, dans les
grandes places, dans les arsenaux et dans les armées, des
maîtres pour chaque métier, puis des capitaines, qui centra-
lisaient différents groupes de métiers et qui les commandaient à la guerre. En outre, on comptait cinq commissaires
généraux des ponts et travaux, qui étaient placés à Strasbourg, Lille, Metz, Bayonne et Grenoble, et qui avaient
pour fonctions toutes les opérations relatives à la construction et à l'entretien des ponts. Ce vaste service des ouvriers
de l'artillerie, tendait de plus en plus à se centraliser dans
des compagnies organisées militairement, non-seulement
pour le temps de guerre, mais aussi pour toutes les positions
de service à l'intérieur. Ces compagnies permanentes, pla-

cées sous la direction du capitaine général des ouvriers, montraient une valeur de plus en plus grande dans toutes les opérations;

7° Le chef des armuriers était établi à l'arsenal. Les armes de troupes étaient fabriquées par entreprise, à la suite d'adjudications, dans les quatre fabriques de St-Étienne, Maubeuge, Charleville, ***. Les soins les plus minutieux étaient pris pour garantir les intérêts des ouvriers de toute sorte et les amener à ne donner que des pièces de bonne qualité. On sentait, de plus en plus, le besoin de l'uniformité pour tout ce service des armes; aussi en vint-on à ne vouloir qu'un entrepreneur général pour le royaume. Le plus grand magasin d'armes était à Paris et appartenait au roi, c'est-à-dire à l'État. Dans les autres magasins, les armes appartenaient à l'entrepreneur, qui les vendait aux troupes;

8° Le capitaine général des charrois était toujours à la disposition du grand maître, pour être envoyé, soit sur les frontières, soit dans les armées; il était chargé d'inspecter les équipages, de veiller à leur bon état, de faire réparer les chemins, de commander aux simples capitaines conducteurs qui étaient au nombre de 12 pour toutes les frontières. Chacun de ces derniers devait fournir un nombre d'hommes et de chevaux pour la guerre, et en entretenir un nombre moindre pour la paix; ils étaient alors chargés de faire, à un prix réglé, dans chaque département, les charrois des objets d'arsenaux, d'ateliers, de poudreries, de fonderies; ces capitaines conducteurs devaient avoir la préférence pour les marchés de chevaux et de mulets;

9° L'artillerie avait un bailliage royal, c'est-à-dire une juridiction spéciale, dont les sentences s'exécutaient dans tout le royaume, et qui ressortissait directement au parlement de Paris. Ce bailliage, très-complet, et qui comptait jusqu'à

14 huissiers, recevait des provisions du grand maître. Après avoir siégé au Louvre, il était définitivement installé à l'arsenal. En outre de ce bailliage, le grand maître avait une prévôté, qui agissait, surtout en guerre, et qui condamnait même à mort;

10° Le service de religion employait six aumoniers. Le service de santé comprenait une vingtaine de médecins, chirurgiens et apothicaires, qui avaient boutique à Paris, en vertu des commissions du grand maître, et qui étaient choisis par lui pour aller à la guerre. Un service de campement était aussi organisé d'une manière permanente, près du grand maître;

11° Enfin venait l'inspecteur général des écoles d'artillerie, qui avait sous ses ordres tous les hommes de l'artillerie proprement dite. Ces hommes avaient été réorganisés en compagnies permanentes par le général de Vallière, comme on l'a vu à la fin de l'époque précédente.

Toutes ces troupes étaient partagées en cinq bataillons, dont les garnisons étaient Lafère, Strasbourg, Metz, Besançon, Grenoble, et qui formaient chacun une école spéciale, sous le rapport pratique et théorique, pour façonner les artilleurs. Chaque bataillon comprenait 8 compagnies, dont 5 de canonniers, 2 de bombardiers, et une de sapeurs.

Pendant toute la guerre de la succession d'Autriche, cette organisation resta basée sur les mêmes principes; seulement, les développements que prirent les armées et l'emploi du feu, forcèrent d'augmenter, en 1743, de 30 hommes chaque compagnie, puis d'ajouter à chaque bataillon, en 1747, deux compagnies, l'une de canonniers, l'autre de bombardiers. Ces augmentations portèrent l'effectif des bataillons à 5,000 hommes environ, au lieu de 3,800 qu'ils avaient en 1740.

Mais le personnel militaire de l'artillerie, dans les armées, ne se bornait pas aux hommes de ces bataillons. Les ouvriers en étaient distraits et formaient des compagnies dont l'effectif augmentait de plus en plus; il en était de même des mineurs, qui furent augmentés d'une compagnie en 1745. Instruits par des écoles et par des exercices spéciaux, en même temps que commandés par des officiers de grand mérite, ces mineurs devaient, dans le courant de cette guerre, parvenir à un degré d'utilité et de réputation qu'ils n'ont jamais dépassé.

Il est essentiel de remarquer ici, et cette remarque s'applique à toutes les autres puissances, que le corps des ingénieurs formait un état-major sans troupes, et que ce que l'on appelle aujourd'hui bataillons et régiments du génie faisait partie des troupes de l'artillerie.

Telles étaient les parties essentielles qui constituaient le domaine de l'artillerie, placé sous la direction absolue du grand maître et des officiers d'artillerie qui étaient ses délégués.

Cette organisation de l'ensemble de l'artillerie se trouvait dans une véritable époque de transition. Depuis les grandes institutions de Louis XIV, le point de départ de ce système général de l'artillerie était le suivant: un grand maître choisissait sous sa responsabilité, dans la masse sociale, les officiers, les maîtres et les ouvriers de diverses spécialités, pour fournir le matériel nécessaire et pour servir l'artillerie en temps de guerre; à la paix, tous ces hommes devaient rentrer dans les conditions normales de leur existence sociale. Ces employés étaient attirés dans l'artillerie par les avantages qu'on leur assurait au moyen de droits d'exemptions, de travail garanti, et aussi de fournitures; de cette sorte, l'État ou le roi avaient, en apparence, très-peu à débourser pour l'entretien de ce service, et les chefs d'ar-

tillerie avaient des fonctions d'inspection et de gouvernement supérieur plutôt que de direction, de création et d'administration réelles.

Les grandes guerres, en même temps que les progrès en
industrie et en centralisation militaire et administrative,
tendaient à introduire des changements dans le sens suivant : l'action du ministre de la guerre et des généraux
d'armée devint absorbante des attributions du grand maître; les officiers d'artillerie pénétrèrent dans les spécialités
et cherchèrent à se les assimiler; enfin les hommes de l'artillerie se dégagèrent de la masse civile des populations,
pour se constituer militairement en compagnies permanentes. Cette tendance d'organisation militaire se manifestait désormais avec une grande vivacité, et l'assimilation des grades des officiers d'artillerie aux grades dans
l'armée marchait de plus en plus vers une complète réali-
sation.

On serait cependant dans une grande erreur de croire
que cette assimilation avait lieu d'une manière régulière et
absolue. Pour les officiers d'artillerie, les titres de grades
dans l'armée étaient un honneur qui leur était donné en
raison de leurs démarches et de leurs services : aussi ces
grades militaires étaient-ils fort différents pour la même
classe d'officiers. Ainsi, des lieutenants généraux d'artillerie avaient, dans l'armée, le grade de lieutenant général ;
d'autres, le grade de maréchal de camp; d'autres, celui de
brigadier; d'autres enfin n'avaient aucun grade dans l'armée et n'en voulaient pas, ce qui ne les empêchait pas
d'exercer, soit dans un département, soit dans les armées,
leur commandement complet de l'artillerie. D'un autre
côté, on voyait de simples commissaires, commandant des
compagnies de canonniers ou de mineurs, avoir le grade de

brigadiers, c'est-à-dire d'officier général dans l'armée.

Désormais, cette impulsion d'organisation militaire pour l'artillerie était vivement donnée, et l'extinction des vieux chefs diminuait de plus en plus l'opposition à cette organisation; aussi le nombre des troupes d'artillerie allait en augmentant : de 4,000 hommes en 1740, il était de 5,720 hommes, y compris 720 mineurs et ouvriers, en 1748.

Et ce n'était pas seulement par le nombre qu'augmentait la puissance militaire du personnel de l'artillerie française : mais encore par l'instruction et par les exercices de plus en plus suivis et bien dirigés. Ces exercices attiraient une grande attention et un vif intérêt de la part de tous les hommes de guerre, et surtout de la part du roi. C'est ainsi qu'en 1739, au commencement de la grande guerre, l'artillerie, sous le commandement du grand maître le comte d'Eux et du lieutenant général de Vallière, inspecteur général des écoles, forma un camp magnifique à Compiègne. Là, elle se livra à toute espèce d'exercices et d'expériences sur la construction des retranchements, sur le tir des batteries de siège, de campagne et de mortiers, sur la construction des ponts, sur le service des trains, sur les manœuvres de toute sorte et sur les petites guerres. Le roi, sa cour et beaucoup de grands personnages assistaient souvent à tous ces exercices; on ne pouvait assez admirer, disent les relations, l'industrie, l'exactitude et la discipline de ce beau corps de l'artillerie royale (1).

Cette organisation générale de l'artillerie de la France

(1) Journal du camp de Compiègne, par Lerouge.

était la plus étendue et servait, en quelque sorte, de modèle
à la plupart des artilleries des autres puissances; cependant, il y avait nécessairement, suivant la position politique
militaire et sociale de ces dernières, des différences assez importantes dans beaucoup de parties.

Parmi les puissances méridionales, l'Espagne, réorgani-
sée par les efforts de la France, avait la plus belle et la plus
solide artillerie. En 1701, fut créé le bataillon d'arquebu-
siers dont était colonel le capitaine général de l'artillerie.
En 1706, les ordonnances constituèrent l'artillerie active
des quatre armées d'Andalousie, d'Estramadure, de Cas-
tille et de Galice. Cette artillerie comprenait 4 lieutenants
généraux, 4 commissaires provinciaux, 4 commissaires ordinaires, 5 commissaires extraordinaires, 4 majors de campement, 5 sergents, 10 caporaux, 36 artilleurs, 4 charpentiers, 3 ouvriers en fer.

Ces mêmes ordonnances fixèrent l'organisation de l'artillerie territoriale en six départements, dont le personnel
comprenait en tout : 1 lieutenant général, 3 commissaires
provinciaux, 12 ordinaires, 18 extraordinaires, 25 gardes
ou adjudants, 4 ingénieurs, 23 sergents, 41 caporaux et
238 artilleurs. On peut voir, par cette organisation, à quel
point avait été poussé le principe de distribuer les éléments
de l'artillerie dans les groupes d'action générale : ce principe avait été suivi aussi dans la composition des compagnies qui comprenaient, en outre des chefs, 62 artilleurs,
10 ouvriers, 10 mineurs et 10 bombardiers.

En 1710, cette organisation du personnel fut étendue et
perfectionnée. Le régiment de Royal artillerie fût créé avec
trois bataillons de douze compagnies de spécialités séparées. L'instruction de tout le corps fut garantie par la création de trois écoles théoriques, en Aragon, en Estramadure

et en Andalousie; puis de quatre écoles pratiques, en Aragon, Estramadure, Andalousie et Galice. Tout en se solidifiant ainsi sous le rapport de l'instruction spéciale, le corps de l'artillerie espagnole se militarisait de plus en plus; il arriva même qu'à la mort du grand maître, le marquis de Canalès, le ministre de la guerre prit la conduite directe de l'artillerie et la fit inspecter par des généraux d'infanterie. Cet état de choses dura jusqu'en 1732, où l'on rétablit la charge d'inspecteur général de l'artillerie avec le titre de lieutenant général dans les armées, les provinces, les places et présides. Par suite de ces changements d'autorité supérieure, l'organisation du personnel varia; l'on voit, en 1741, le corps d'état-major des officiers d'artillerie aller jusqu'à 140 officiers organisés à part, comme étant supérieurs aux officiers d'artillerie de troupes.

Aussi, l'artillerie espagnole, bien qu'étant une des plus fortes et des mieux tenues de l'Europe, n'avait pas l'organisation traditionnelle, suivie et complète de la France; son vaste ensemble était loin d'être conduit, administré et inspecté avec le même ordre. Elle avait, il est vrai, de très-beaux établissements royaux, tels que : les fonderies de bronze de Séville et de Valence, les fonderies de fer de Lieganes et de Molina, en Aragon, cinq poudreries, les fabriques d'armes de Plasencia, Guipuscoa, Tolède. Ces établissements étaient généralement surveillés par les officiers d'artillerie : mais le travail y était irrégulier. Ainsi, pendant dix ans, la fonderie de Séville fut cédée à des Allemands.

En Italie, toutes les villes, et notamment Gênes et Venise, avaient des arsenaux et quelques établissements d'artillerie alimentés en grande partie par l'industrie locale. Mais les deux seules artilleries un peu étendues étaient celles des royaumes de Naples et de Piémont. Naples, soumise à l'in-

3.

fluence espagnole et à celle de la France, n'avait rien de très-solide et de très-actif dans l'organisation de son artillerie; cependant, parmi ses chefs, elle avait quelques hommes de valeur et de science. L'artillerie du petit état de Piémont était, au contraire, bien organisée, par les soins continuels de son roi; les places étaient bien munies, les équipages étaient soignés; les établissements, réunis pour la plupart à Turin, travaillaient activement; le personnel, instruit au point de vue théorique et pratique, montrait de la valeur militaire dans toutes les opérations.

Au nord de la France, trois puissances, l'Angleterre, la Hollande et le Hanovre, se trouvaient dans des positions assez semblables pour l'état de l'artillerie, et devaient marcher ensemble pendant presque toute cette époque. Toutes trois, depuis la paix d'Utrecht, avaient laissé sommeiller leurs institutions militaires. Mais, appelées dans la guerre et disposant de ressources financières et industrielles assez grandes, elles organisèrent, chacune dans son intérieur, une assez bonne artillerie, et présentèrent, dans les opérations, des éléments matériels et personnels assez soignés. Cependant, ces éléments étaient de bonnes fournitures livrées à un moment donné par l'industrie civile, plutôt que des produits réguliers d'une solide organisation générale.

Tous les petits états de l'Allemagne centrale entretenaient, conservaient, chacun son artillerie, dans les arsenaux de sa capitale, sans trop dépenser d'argent à la perfectionner autrement que par des améliorations de détail. Aussi, généralement, au moment de la guerre, cette artillerie fut-elle en assez mauvais état. Parmi ces puissances, la Saxe et la Bavière avaient des organisations plus étendues.

La Saxe, exercée dans toutes les luttes de l'Occident et

de l'Orient, avait eu une fort belle et fort nombreuse artillerie, qui, sous l'électeur roi de Pologne, avait souvent frappé d'admiration les puissances environnantes. Bien que descendue de cette brillante position, l'artillerie Saxonne avait conservé de la valeur et restait appuyée sur de bons établissements, mais surtout sur un personnel exercé, militaire et remarquable, dans toute l'Allemagne, par son instruction.

La Bavière, soumise généralement à la direction de l'Autriche, avait une organisation d'artillerie assez bien ordonnée: mais, le plus souvent, elle ne procurait qu'un service médiocre. D'ailleurs, pendant cette guerre, la Bavière étant occupée alternativement par la France ou par l'Autriche, l'artillerie vit ses ressources épuisées. Le personnel de cette artillerie était classé, pour la guerre, en brigades de quatre divisions. L'état-major comprenait un grand nombre d'officiers, puis des chefs ouvriers qui commandaient à diverses espèces de travailleurs. Généralement, les soldats portaient le nom d'armuriers. La confusion régnait dans cette masse de personnel : cependant le train d'artillerie était organisé à part, avec ses chefs spéciaux et ses attelages.

L'Autriche, placée dans des obligations continuelles de guerres, avait besoin d'une nombreuse artillerie : mais elle n'avait pas d'organisation bien régulière et complète, en raison même de sa constitution, au moyen d'états spéciaux et dont chacun avait ses conditions industrielles et militaires. Les capitales de ses états, telle que Vienne, Prague, Gratz, Bude, Inspruck, etc., présentaient les principaux centres d'artillerie, alimentés dans des conditions diverses.

Mais l'habitude des grandes guerres devait amener l'Autriche à centraliser et régler l'organisation de cette artil-

lerie. Cette tendance se manifesta surtout dans la guerre
de la Succession, pour laquelle on fut obligé de constituer
tout à coup de grandes masses d'artillerie dans la capitale
même de Vien ne.

L'Autriche était toujours remarquable par la simplicité
et par l'ordre des moyens qu'elle employait. Son artillerie
avait une bonne tenue ; l'entreprise alimentait en grande
partie le matériel et les charrois. Quant au personnel, il
devenait de plus en plus militaire. A l'armée, ce personnel
se partageait en brigades de quatre divisions, dont les
chefs, les hommes et les chevaux étaient distribués avec
ordre.

Pour en donner une idée, il suffira d'indiquer la composition suivante d'une des brigades d'artillerie de l'armée autrichienne qui attaqua la France sur le Rhin, en
1744 :

1 colonel et 1 lieutenant-colonel, 1 capitaine artificier,
1 garde, 1 maître mineur, 1 maître pionnier, écrivains,
chirurgiens-majors, aumôniers, prévôts, etc.;

4 capitaines, 8 lieutenants et sous-lieutenants, 20 artifi-
ciers de diverses classes, 4 fourriers, 4 gardes-chirurgiens,
8 caporaux, 8 tambours, 8 mineurs, 8 charpentiers, 224
armuriers.

Pour le train, on comptait 1 chef, 4 vaguemestres, 6
valets, 4 maréchaux-ferrants, 4 selliers, 100 valets pour
400 attelages.

La Turquie alimentait toujours ses masses de matériel
par des établissements impériaux et surtout par le commerce. Ses ouvriers étaient presque tous étrangers. Quant
à ses artilleurs, ils formaient une milice militaire comme
les janissaires, qui restaient dans les places ou allaient dans
les armées. Les arsenaux de cet immense empire, en Eu-

rope, en Asie et en Afrique, étaient remplis de matériel de toute sorte et de toute époque.

La Russie continuait à organiser son artillerie. Comme toujours, les étrangers, depuis la position du grand maître jusqu'à celle des simples canonniers, dirigeaient et servaient la plus grande partie de cette artillerie. Les établissements du matériel, placés principalement à Saint-Pétersbourg, à Moscou, à Briansk pour le sud, travaillaient sans relâche et appartenaient à l'empereur. Quant au personnel, son organisation était la plus militaire de toute l'Europe : presque tous les hommes de l'artillerie étaient enrégimentés ; aussi voyait-on figurer, dans une armée de 5,000 hommes, 3,000 artilleurs militaires, lorsque la France, pour 300,000 hommes, en comptait 4,500 à peine. Les charrois étaient une partie essentielle et considérable dans ces armées russes, appelées à parcourir des deux cents lieues à travers les steppes et autres contrées dépourvues de chemins. Ces charrois étaient immenses, aussi l'ordre et le perfectionnement qu'ils exigeaient constituaient la partie la plus importante dans le service des chefs de l'artillerie.

Au nord, la Suède, bien qu'affaiblie par ses défaites, conservait son artillerie, établissements et personnel, mais les laissait languir ; il en était de même du Danemarck, dont la paix était rarement troublée.

Enfin, la Prusse parvenait à organiser chez elle une artillerie sur laquelle le génie de Frédéric devait attirer l'attention de l'Europe ; il est indispensable d'établir nettement la position de l'artillerie chez cette puissance.

Dès 1713, avait commencé le règne de Frédéric-Guillaume, qui soumit toute la Prusse au régime de la sobriété, de la règle et de l'économie sévère, tout en lui imposant l'obligation de produire elle-même tous les éléments

militaires dont elle avait besoin. Pour obtenir ce résultat,
Frédéric fit venir des étrangers, étendit les villes, et fit
construire des établissements producteurs; mais, ennemi
des sciences et des arts, infecté dans ses goûts par la lourdeur hollandaise, il n'obtenait que des produits, utiles il est
vrai, mais communs et presque grossiers. *Les menuisiers
s'érigeaient en sculpteurs et les maçons en architectes,* dit
Frédéric le Grand. Le développement de ses forces militaires était une véritable passion pour Frédéric-Guillaume et
absorbait tous les soins de son existence; il s'occupait de
l'ensemble comme des plus petits détails, réglant tout avec
un soin et une précision presque mécaniques.

L'artillerie retira de grands avantages des goûts et des
principes militaires du roi; elle devint de plus en plus nationale et gagna beaucoup sous le rapport industriel et militaire.

Des établissements furent organisés et travaillèrent sans
relâche pour toutes les parties du matériel. Ainsi, des ni-
trières artificielles furent établies et étendues; une poudre-
rie à meules fut établie à Berlin; les fonderies réalisèrent
de grands progrès, à la suite de nombreuses expériences;
les forges envoyèrent de tous côtés des projectiles; des ateliers d'ouvriers en fer et en cuivre furent établis à Neus-
tadt; les arsenaux travaillèrent sans cesse aux affûts et
voitures qui se répandirent dans toute l'Allemagne; de
grandes manufactures d'armes furent organisées à Span-
dau, puis à Postdam, et leurs produits furent bientôt recherchés dans toute l'Allemagne et dans la Russie.

Ce développement, imprimé par Frédéric-Guillaume à
son matériel d'artillerie, eût dû entraîner nécessairement
de grands progrès pour le personnel. Il prospéra, en effet,
mais pas suffisamment, parce que Frédéric-Guillaume, dans

ses préoccupations exclusives de la pratique militaire, n'a-vait pas le sentiment de l'instruction théorique et de l'orga-nisation générale qui sont indispensables à cette institution si compliquée.

Ainsi, il n'établit pas la moindre école théorique d'artil-lerie, lorsque la France en avait depuis soixante ans. La pratique, les exercices continuels, minutieux, étaient la seule école des officiers d'artillerie, qui furent ainsi des serviteurs zélés, actifs, mais peu capables de proposer et d'appliquer de grands progrès. Dans les établissements, les travaux étaient faits par des ouvriers civils et à la pièce. Les officiers d'artillerie recevaient, payaient, et conser-vaient dans les magasins. L'artillerie prussienne fut tou-jours remarquable par l'absence presque complète d'ou-vriers organisés; son personnel militaire n'était que des compagnies de canonniers, braves, bien tenues, mais exer-cées seulement à tirer juste et vite.

Quant à l'organisation supérieure de ce personnel, elle était des plus restreinte. Alors que, chez toutes les puissan-ces, on voyait à la tête de l'artillerie les hommes les plus haut placés par la naissance, la capacité et la réputation, la Prusse n'avait à la tête de la sienne qu'un officier assimilé au rang de lieutenant-colonel, et dont les attributions pour le service général étaient restreintes et mal définies; en-fin, pendant que partout on tenait à donner aux troupes de l'artillerie le premier rang dans les armées, les rois de Prusse la faisaient venir après toutes les autres troupes. C'était les roturiers de l'armée.

Ce fut cette position inférieure du personnel d'artillerie, son instruction bornée, ses vues étroites, son acharnement routinier, qui choquèrent dès l'origine le roi Frédéric II, et firent qu'il le prit en défiance, au point de ne pas s'en

occuper comme il l'aurait dû, et de ne pas lui rendre suffisamment justice pour des services réels.

En outre de ces principales conditions de l'organisation
générale de l'artillerie chez ces diverses puissances, il est
indispensable d'établir, pour avoir une idée nette de l'état
des choses, comment la science s'alliait avec le personnel
et le matériel de l'artillerie.

La science purement mathématique ne s'était guère appliquée qu'à déterminer la nature de la trajectoire et les
conditions du tir. Tartaglia le premier, vers 1517, s'était
occupé de cette trajectoire et la regardait comme composée
de deux lignes droites réunies entre elles par un arc de cercle; puis il établissait que les pièces avaient un maximum
de portée correspondant à l'inclinaison de 45°. Pendant
tout un siècle, des auteurs de toutes nations discutèrent sur
cette question, sans la faire avancer.

Enfin Galilée, en découvrant la loi des corps graves
(1638), parut donner la solution complète : car, en considérant le mouvement dans le vide, la trajectoire est une
parabole, courbe bien connue, et des équations de laquelle
on déduit toutes les conditions du tir.

Ce fut sur ces données de Galilée qu'écrivirent et qu'ex-
périmentèrent des auteurs remarquables, en France, en
Angleterre et en Allemagne.

Mais Newton, en 1710, attaqua cette théorie, en prou-
vant qu'il fallait tenir compte de la résistance de l'air, ce
que des expériences avaient déjà puissamment démontré.
Robins, par ses études et par ses expériences avec son pen-
dule balistique, Bernouilli, qui, dès 1719, avait résolu le
problème du mouvement d'un corps grave dans un milieu
résistant, Newton, Euler, de Vallière, etc., s'occupèrent de

ce problème important. Enfin, on reconnut que cette résistance de l'air était proportionnelle au carré de la vitesse, divisé par le diamètre du projectile, le tout multiplié par un coéficient indéterminé.

La connaissance plus nette de la nature de la trajectoire et des conditions du tir, en même temps que le progrès des sciences physiques, chimiques et mécaniques, éclairèrent et activèrent beaucoup les travaux de l'artillerie. Les expériences des mineurs français sur les effets de la poudre, ainsi que les expériences de Bélidor sur l'influence des charges de canons, contribuèrent aussi à faire faire un grand pas aux progrès de l'artillerie.

Mais la science n'est qu'une abstraction en tant qu'elle ne pénètre pas dans la pratique et que tous ses éléments ne sont pas coordonnés de manière à former un corps de doctrine qui puisse servir de règle et de conduite dans la théorie et la pratique de l'institution. C'est dans cette union que résident la véritable force, la véritable supériorité de l'artillerie. Eh bien, parmi toutes ces puissances de l'Europe, il n'en était pas une seule qui possédât et suivît, comme la France, des traités de l'artillerie où cette union fût établie : les Mémoires de Saint-Rémy, le Traité de Blondel, et d'autres ouvrages, étaient dans les mains de tous les officiers français et de la plupart des étrangers qui voulaient avoir quelque instruction nette et élevée. Après la France, on pourrait ainsi classer les artilleurs en fait de science : l'Italie, l'Espagne, la Saxe, l'Autriche, la Suède, la Hollande et l'Angleterre, la Prusse, la Russie et la Turquie.

Le matériel de l'artillerie allait éprouver dans toutes ses parties, et brusquement en quelque sorte, des changements qui devaient avoir une grande influence et se répandre chez toutes les puissances, dont l'attention était vivement attachée désormais aux choses de l'artillerie.

La France avait montré à tout le monde, par les institutions de de Vallière, la nécessité de sortir l'artillerie du chaos où elle était plongée pour la constituer dans un système d'unité et de simplicité; seulement, l'application de ce principe ne pouvait se faire que lentement et d'une manière irrégulière, saccadée, suivant les ressources et les positions politiques et militaires des diverses puissances, suivant l'état de leur industrie, suivant enfin le génie ou le pouvoir des hommes appelés à décider sur cette constitution de l'artillerie.

De Vallière, on l'a vu, avait jeté les base de l'unité du matériel en voulant imposer son système de bouches à feu, peu nombreuses, régulières de calibre et de forme, aptes au service dans toutes les circonstances de la guerre; mais les approvisionnements existant dans les arsenaux, les résistances des artilleurs étrangers, l'incapacité du système adopté pour certaines opérations de guerre, enfin les entraînements de tous les novateurs, devaient maintenir dans l'ensemble de l'artillerie les divers systèmes de pièces qui s'étaient combattus depuis des siècles; seulement cet ensemble des pièces allait obéir, dans ses changements, à certains principes généraux qui commençaient à se répandre.

La nature des bouches à feu était toujours de trois espèces : le bronze, la fonte de fer et le fer.

Le bronze était devenu la matière presque exclusivement employée par les artilleries de terre des puissances méridionales, et se répandait de plus en plus dans les pays du nord; c'est ainsi que la Prusse, à partir du commencement du xviiie siècle, ne fabriquait plus chez elle que des pièces de bronze, et que la Suède elle-même en venait à admettre près de la moitié en bronze dans l'ensemble de ses pièces. Généralement, cependant, on reconnaissait les inconvénients de ce métal, qui étaient le haut prix, le poids et le peu de durée.

La fonte de fer pur, à cause du bon marché, de la résistance et de la facilité de coulage, formait la partie la plus grande de la masse d'artillerie : car, d'abord, toutes les marines n'employaient que ce métal pour leurs pièces, et de plus, beaucoup de puissances, surtout celles du nord, ayant en tête la Suède, l'employaient pour les pièces de l'artillerie de terre, principalement pour l'armement des places. La France elle-même, ayant trouvé d'excellentes fontes dans le Périgord et le Dauphiné, avait manifesté l'intention de donner un grand développement à cet emploi de la fonte ; mais il faut reconnaître que cette tendance s'était arrêtée court, et qu'en France, comme dans toutes les autres parties de l'Europe et surtout en Prusse, il y avait réaction très-prononcée et très-suivie contre l'emploi de la fonte de fer pour les pièces de l'artillerie de terre. La mauvaise qualité de beaucoup de fontes, qui avait éclaté dans le tir (1) et qui avait forcé d'exagérer les dimensions et de tomber ainsi dans des excès de lourdeur, était la cause de cette défaveur, qui s'étendit par l'influence des puissances méridionales.

Le fer était un remède excellent contre les inconvénients du bronze et de la fonte, et il devait donner des pièces légères, solides, durables, comme le montraient les millions

---

(1) Au fameux siége de Berg-op-Zoom, la défense eut six pièces en fonte qui éclatèrent (Journal de défense).

d'armes à feu qui se trouvaient dans les mains des troupes. On sentait bien les avantages de ce métal pour les bouches à feu : mais la métallurgie du fer n'était pas assez avancée pour réaliser ces fabrications; cependant des efforts étaient constamment faits en France pour y réussir. Ainsi on en vint à éprouver, à Paris, une pièce de **18** en fer et plusieurs autres, longues, d'une seule pièce, et pesant moyennement le tiers des pièces en bronze de même calibre. On proposa aussi des pièces de six à sept morceaux vissés ensemble; enfin, on fit une proposition très-sérieuse au gouvernement de fabriquer toutes les pièces de l'artillerie en fer, avec des mises roulées comme des rubans autour d'un mandrin de calibre. Mais toutes ces propositions particulières ne pouvaient être que l'indice de progrès pour l'avenir.

Désormais de grands principes dominent, à des degrés divers, toutes les artilleries. Ces principes sont, 1° l'emploi simultané de trois systèmes de pièces : les canons, les obusiers et les mortiers; 2° la réduction dans le nombre des calibres; 3° l'exclusion de tous les calibres extrêmes en bas et en haut; 4° la règle obligatoire de toutes les parties.

Les canons qui, depuis des siècles, formaient le seul système de pièce de l'artillerie dans la plupart des armées, surtout dans celles de France pour l'artillerie de campagne, voient leur quantité diminuer de plus en plus; cependant ils forment toujours la base essentielle des pièces d'artillerie.

La masse des calibres de toute sorte s'épure chez chaque puissance : les calibres inférieurs à **2** et les calibres supérieurs à **24** sont généralement rejetés des systèmes réguliers que l'on cherche à établir : c'est-à-dire que l'on ne fait plus généralement qu'utiliser ceux qui existent, sans en refondre. Ainsi, les calibres de **3**, **4**, **6**, **8**, **12**, **16**, **18**, **24**, tendent de plus en plus à être désormais les seuls calibres employés en Europe.

L'ensemble des canons se partage encore en trois systèmes : les pièces longues, moyennes et courtes.

Les pièces longues, qui avaient de 27 à 36 calibres de longueur, et qui pesaient de 280 à 500 fois le boulet, existaient dans les arsenaux de beaucoup de puissances, et on les employait encore dans certaines circonstances; cependant, on ne les reproduit plus. C'est un système fini, rejeté par les progrès de l'artillerie, qui marche toujours vers la simplicité et la légèreté.

Les pièces moyennes, qui ont de 20 à 28 calibres, et qui pèsent de 220 à 290 fois le projectile, sont celles que de Vallière a réglées avec tant de soins et a voulu imposer comme système unique à la France. Ce système est aussi celui que se sont efforcées d'établir toutes les artilleries qui ont travaillé, depuis les grandes guerres de Louis XIV, à se perfectionner régulièrement. Ainsi la Prusse, sous Frédéric-Guillaume, fait couler un très-grand nombre de pièces des calibres de **3**, **6**, **12** et **24** seulement; ces pièces ont : celles de **24**, une longueur de 22,5 calibres et un poids de 6,000 livres; celles de **12**, une longueur de 24 calibres et un poids de 3,190 livres; celles de **6**, une longueur de 26 diamètres et un poids de 1,600 livres; enfin, celles de **3**, une longueur de 24 diamètres et un poids de 800 livres.

Ces deux séries de pièces françaises et prussiennes servent de règle à toutes les pièces moyennes de l'Europe; et il faut remarquer que des deux côtés on a la prétention de les employer seules pour toutes les opérations de la guerre;

mais si elles étaient trouvées bonnes pour les siéges, l'expérience allait bientôt amener à les laisser de côté pour les opérations de campagne. Du reste, ces pièces, bien réglées dans toutes les parties de leur construction, et destinées à tirer à la charge de moitié, avaient de la portée, de la justesse, et fatiguaient peu leurs affûts dans le tir; seulement, la grossièreté des projectiles forçait encore d'admettre un vent trop fort. Ainsi, en France, il allait de 1,25 de ligne à 2,66; une réduction sous ce rapport eût tenu lieu de l'excès de longueur que l'on donnait aux pièces.

Le système des pièces courtes comprenait tous les canons qui avaient de 10 à 20 calibres de longueur et pesaient de 50 à 200 fois leurs boulets. C'était dans ce système que les novateurs et les grands généraux de toutes les époques voulaient pousser l'artillerie; malheureusement leurs efforts, mal éclairés et peu suivis, n'avaient conduit généralement qu'à des pièces vicieuses au point de vue du service spécial : aussi, ces efforts avaient-ils fini par céder devant l'opposition incessante des corps de l'artillerie. Cependant la force de la vérité, des besoins et du progrès, devait ramener ce système de pièces dans toutes les armées, et les y présenter dans des conditions telles que désormais leur existence y fût inébranlablement assurée.

C'était précisément en France, là où venait de s'imposer le lourd et long système de de Vallière, que s'était formé le parti des novateurs qui demandaient, avec le plus d'instance, le système des pièces courtes et légères. Le chevalier Follard, Santa-Cruz, de Quincy, le comte de Saxe, le maréchal de Bellisle, Bélidor, et enfin Dubrocard, un des chefs les plus remarquables de l'artillerie, étaient à la tête de ce parti de novateurs, dont les idées se répandaient dans toute l'Europe, et allaient surtout frapper le jeune Frédéric II, qui venait de monter sur le trône de Prusse.

Sous l'impulsion du maréchal de Belle-Isle, la France fut la première à revenir à l'emploi des pièces légères. En 1739, après des expériences faites devant le roi, au camp de Compiègne, on adopta le canon de 4 à la Suédoise, pesant 152 fois le boulet et ayant environ 19 calibres de longueur ; mais on ne s'en tint pas là. On se décida aussi à couler et à employer des pièces de 24 qui n'avaient guère que 13 calibres de longueur et pesaient 90 fois environ le boulet. Enfin, pour la guerre de montagne, on continua d'employer, comme le faisait toujours l'artillerie espagnole, des canons de 4, ayant une longueur de 10 calibres et pesant 50 fois leur boulet.

Chez toutes les autres puissances, ce retour aux pièces courtes et légères se manifeste aussi de plus en plus. La réduction du poids des charges et l'emploi de boulets creux sont les nouvelles conditions qui permettent d'obtenir cette légèreté, en même temps que plus de soins portés à tous les détails des projectiles et du chargement permettent d'améliorer la portée.

Parmi ces puissances, la Prusse était dans une position particulière. Son jeune roi, rêvant un système de guerre basé sur l'audace et la rapidité d'action, sentit qu'il lui fallait absolument une artillerie légère ; aussi, éclairé et poussé par les novateurs de France, mit-il à profit son pouvoir absolu pour imposer ce système à ses artilleurs ; mais, comme il était peu versé dans les détails de l'artillerie et comme il ordonnait suivant ses caprices, sans discussion ni expériences, à un personnel qui manquait d'organisation supérieure, il en résulta que les nouveaux canons qu'il fit couler de 1740 à 1748 présentèrent beaucoup de variétés ; ces pièces peuvent être classées comme il suit :

CALIBRES.	**24**	**12**	**6**	**8**	OBSERV.
LONG. EN CALIBRE.	12 à 16	14 à 17	15 à 17	15 à 17	
POIDS DU PROJECTILE.	11 liv. 8°	8 liv. 7°	5 liv. 10°	2 liv. 5°	
POIDS DE LA PIÈCE.	1457-2474	1040-1870	715-860	330-490	

Il y avait confusion, on le voit, dans ces pièces qui pesaient de 65 à 220 fois le poids de leur boulet, tout en se rapprochant assez généralement de la moyenne de 150 fois ce poids. Tous ces canons avaient des chambres coniques ou cylindriques et tiraient à la charge du quart. Leur justesse n'était pas des meilleures.

Ce que la France et la Prusse avaient fait pour introduire le système des pièces légères, toutes les autres puissances, et notamment l'Autriche, l'Angleterre, le Hanovre, la Russie, la Saxe, le Piémont, etc., l'essayaient aussi successivement, d'une manière plus ou moins complète et régulière, au milieu des circonstances de la guerre. Toutes tendaient à dépasser la légèreté du système suédois.

L'obusier était ce que, dans la plupart des artilleries, on appelait le système de pièces bâtardes, avec lesquelles on pouvait jeter ou tirer. Quoique connue depuis plus d'un siècle, cette bouche à feu avait été très-peu employée par les artilleries occidentales, tandis que les artilleries orientales, et surtout la Russie, les employaient partout et en grande quantité. En France, on ne voyait toujours que très-peu d'obusiers courts du calibre de 8°. En Prusse, avant Frédéric, on ne voyait aussi que des obusiers courts à chambre cylindrique, des forts calibres de **16**, **18** et **20** livres stein, et qui pesaient de 1100 à 2,000 livres ; mais Frédéric, sentant la puissance de cette arme et profitant de l'exemple de la Russie, de la Saxe, de la Pologne, fit couler des obusiers longs des calibres de **7** stein qui pesaient 700 livres, et de **10** stein qui pesaient 1050 livres ; puis, développa de plus en plus l'emploi de ces pièces. A son exemple, presque toutes les puissances adoptèrent désormais les obusiers comme partie normale de leur artillerie, sans cependant parvenir à la hauteur de la Russie, qui employait ces pièces en grand nombre, de toute longueur et de tous calibres. Les formes et les dimensions de ces obusiers ou pièces nouvelles ne pouvaient être que fort variables et fort indéterminées. Aucune règle n'était encore établie.

Depuis plus de deux siècles, les mortiers de tous calibres étaient employés par toutes les armées et à tous les usages. Leur calibre variait toujours entre des limites fort étendues, depuis les mortiers à la Cominges qui lançaient les bombes de 500 livres, jusqu'aux mortiers à la Cohorn, qui lançaient des bombes ou grenades de 4 livres environ. Tout était extrêmement variable dans ces mortiers : la matière, qui était soit de bronze, soit de fonte ; les formes, qui n'offraient entre elles aucuns rapports ; la forme des chambres qui variaient du cylindre à la poire, à la sphère, au cône tronqué, etc.; enfin, les calibres qui paraissaient n'obéir à aucune règle.

La France, qui ordinairement se tient en dehors des excès, en haut et en bas, paraissait vouloir se réduire aux calibres moyens de **8**°, **10**°, **12**°, aux pièces en bronze réglées dans leur forme et ayant une chambre cylindrique. La Prusse, après avoir essayé beaucoup de formes diverses, pa-

4.

raissait vouloir s'en tenir à deux mortiers seulement. Celui de 50 stein à chambre cylindrique, en bronze et pesant 1980 livres, et celui à la Cohorn, en fer ou fer fondu et du calibre de 2,5 livres steins. — Ce système de mortiers de la Prusse paraissait valoir mieux que celui de la France.

Pour les autres artilleries, le système de mortiers rentrait dans l'état général qui vient d'être présenté. Les puissances occidentales, en Espagne, en Italie, en Hollande, etc., devaient avoir de lourds mortiers pour agir contre les fortes maçonneries des fortifications et des bâtiments dans ces contrées, tandis que les artilleries orientales, n'ayant pas de grandes résistances à enfoncer, employaient surtout les bombes comme projectiles incendiaires, et pouvaient alors les avoir plus légères et de plus faible calibre.

La base des projectiles de l'artillerie est toujours le boulet plein en fonte de fer, que l'on cherche à soigner, à régulariser de plus en plus. Cependant, en Russie et en Prusse le boulet plein est généralement moins employé que les projectiles creux. Le développement que prend l'usage de l'obusier dans toutes les armées, diminue aussi la proportion des boulets pleins.

Dans son empressement à adopter tous les moyens d'alléger son artillerie, Frédéric employait des boulets creux et non explosifs; aussi, ces projectiles creux à faible charge avaient-ils bien moins d'effet que ne le comportait le titre de leur calibre. En France, au contraire, les boulets et leurs effets étaient de bon aloi. Généralement, toutes les artilleries un peu avancées renonçaient à l'emploi de ces projectiles irréguliers, tels que boulets ramés, enchaînés, les cylindres, les cônes, etc., que l'on avait vu quel-

quefois dans les époques précédentes. Cependant, à la bataille de Coni, le roi de Piémont fit tirer de ces 1/2 boulets
réunis par une barre de fer.

Les bombes, obus ou grenades creuses pour les obusiers
et les petits mortiers étaient un projectile fort indéterminé
encore. Les artilleries orientales les employaient seules en
très-grand nombre. Généralement, ces projectiles étaient
sphériques et assez minces, remplis de poudre de fusil et
de matières incendiaires. Quelquefois, cependant, on en tirait encore de formes irrégulières, tels que des projectiles
demi-sphériques, cylindriques, tournés en cône, etc. Les
bombes présentaient plus d'épaisseur que les obus et avaient
toujours un fort culot.

En outre de ces projectiles creux, on lançait encore,
surtout pour les siéges, beaucoup de carcasses incendiaires;
enfin, on essayait de tirer des boulets creux remplis de poudre et de balles de plomb ou autres mitrailles, que l'on
devait faire éclater à un moment donné. Mais les expériences faites avec ce projectile réussissaient fort peu. Les artilleurs de France notamment, le repoussaient complétement. La Russie, cependant, en faisait quelquefois
usage.

Ces projectiles creux étaient une véritable mitraille que
l'on pouvait porter au loin : mais, en outre, toutes les artilleries cherchaient à perfectionner la mitraille proprement
dite, directe et rapprochée. Les balles de plomb enfermées
dans des sacs de toile, de parchemin ou dans des boîtes de
bois ou de fer-blanc, étaient toujours la mitraille presque
exclusive de l'artillerie française, sans qu'on songeât à en
éprouver l'efficacité. Mais les autres artilleries, et notamment celle de Prusse, commençaient à n'employer que de
la mitraille en balles de fonte. On voyait même des balles

de fer comme en Angleterre. Du reste, toutes les artilleri
admettaient l'avantage de tirer à la fois plusieurs peti
boulets dans une pièce de calibre supérieur.

Le système des munitions se perfectionnait beaucoup
Les poudres étaient partout assez soignées. Dans le sud
ouest, et surtout en France, la fabrication par les pilo
était la seule employée. Dans le nord, en Angleterre, e
Hollande, en Prusse, en Russie, c'était le système de fabr
cation par les meules. Les charges de poudre qui, précé
demment, étaient comptées aux 2/3 et à la moitié au moir
pour les canons, étaient désormais descendues au tier
même au quart.

On commençait à préparer ces charges d'avance et
les employer dans des sachets en papier pour les siéges, e
serge pour les opérations de campagne. Les cartouches con
fectionnées, et dans lesquelles le projectile est réuni à l
charge, commençent aussi à se répandre dans toutes les a
tilleries. Cette réunion avait lieu d'abord dans des boîtes d
fer-blanc, dans des sachets de toile goudronnée. Mais, dé
1739, en France, du Brocard fit opérer la réunion au moye
d'un sabot et de bandelettes de fer-blanc; on eut ainsi l
cartouche telle qu'elle se présente aujourd'hui. Malgré l'o
position de de Vallière, ce système de cartouches se répan
dit de plus en plus dans l'artillerie française, sans cepen
dant triompher complétement. Il en fut de même en Autri
che. D'autres artilleries, comme celle de Prusse, de Russie
d'Angleterre adoptèrent pour toujours, et d'une manièr
absolue, ce mode de chargement, qui facilitait la justess
et la rapidité du tir.

Pour le service des pièces, les lanternes devenaient don
inutiles. Le refouloir et l'écouvillon en soie de sanglier, e
remplacement de la peau de mouton, devenaient désor

mais d'un usage général. Les étoupilles commençaient
aussi à être employées.

Enfin, dans le pointage, on cherchait des instruments
commodes pour donner la hauteur à la pièce. En Saxe, le
colonel Obenauz avait trouvé un mécanisme que la Russie
chercha à imiter. Les Suédois avaient la vis de pointage.
Mais, généralement, on continuait à se servir de coins en
bois qui devaient persister pour les pièces à projectiles
creux. Il est, du reste, important de faire les remarques suivantes : la suppression des crans de mire que quelques artilleries, et notamment celle de deVallière, avaient adoptés,
rendait la direction peu assurée ; pour donner la hauteur,
le coin et le quart de cercle étaient d'un usage assez difficile
sur le champ de bataille ; l'absence de tables de tir et de
rapports bien connus entre l'angle et la portée laissaient la
hausse fort indéterminée. Ce sont ces défauts de pointage
qui faisaient dire aux novateurs que la justesse du tir, étant
difficile à déterminer, la véritable puissance du feu était
dans la rapidité et la quantité.

On commence à sentir la grande importance des affûts
d'où dépend le service des pièces, et on reconnaît la nécessité de régler leurs dimensions, de manière qu'ils puissent
être exécutés partout et par tout le monde. Cet ensemble
était difficile à déterminer dans un grand état comme la
France. Cependant, chaque lieutenant général était parvenu à obtenir la régularité dans son département. Aussi,
de véritables progrès se manifestaient dans cette partie de
l'artillerie. Cependant, influencée par les idées de de Vallière qui avait voulu rendre le matériel des affûts et voitures le plus simple possible, cette partie péchait sous beaucoup de rapports et ne valait pas ce qui existait dans plu-

sieurs états, et notamment en Prusse où les affûts étaient soignés, complets, réglés dans toutes leurs dimensions, de sorte qu'elles jouissaient d'une grande réputation dans toute l'Allemagne.

En France, tous les affûts à rouages sont dits de campagne ; ils changent non-seulement pour les divers calibres, mais aussi pour les diverses pièces d'un même calibre. Le système général de ces affûts est ainsi déterminé : deux flasques en orme et quatre entretoises ; les roues ayant une hauteur de quatre pieds dix pouces à quatre pieds quatre pouces suivant le calibre, avec des rais courts, épais, tourmentés, ayant une écuanteur ; emboîtures en fer ; essieux, ayant généralement sept pieds quatre pouces de longueur ; moyeux et jantes en bois d'orme. Toutes les voitures ont la même voie de quatre pieds dix pouces pour les trains de derrière.

Ces affûts reposent sur des avant-trains à limonière et à sellette élevée. Les avant-trains sont de trois sortes. La hauteur de leurs roues varie de trois pieds trois pouces à deux pieds neuf pouces. Leur voie est un peu moindre que celle des trains de derrière.

Les ferrures de ces affûts sont généralement peu nombreuses et assez grossières. On voit de grands boulons d'assemblage dont des crochets de retraite forment la contre-rivure ; des anneaux d'embrelage, des susbandes, des armements de bouts d'essieux, et enfin six bandes à chaque roue. Tous ces boulons sont à tête en diamants. Ces ferrures ne reviennent pas moyennement à quatre sous la livre. Leur poids varie de 954 livres pour le **33**, à 439 livres pour le **4**. Quant au poids total des affûts, rouages compris, il varie de 2,500 livres pour le **33**, à 900 livres pour le **4**.

Si on compare le système des affûts de Prusse au sys-

tème des affûts de France, on trouve dans le système de
Prusse des dimensions réglées jusque dans leurs plus petits
détails, en fonction du calibre de la pièce. Les flasques sont
très-longs avec quatre entretoises; ces flasques sont rapprochés, de manière qu'il faut les délarder pour le passage
des moulures de la culasse; ils offrent de plus, entre les entretoises de lunette et de mire, un autre grand délardement
destiné à recevoir un coffret d'approvisionnement. Les roues
sont petites et inégales pour chaque calibre; la longueur de
l'essieu et la voie varient suivant la nature du pays où l'on
doit guerroyer. L'avant-train est à timon et à sellette qui
fait corps avec l'essieu. Les ferrures sont nombreuses et soignées; outre celles que portent les affûts français, on remarque les sous-bandes, les garnitures du dessus et du dessous des flasques, des liens verticaux, des bandes longitu-
dinales dont les extrémités portent des crochets de retraite.
Tous les essieux sont ferrés ainsi que les moyeux; les roues
ont des bandes de fer. La sellette et les armons de l'avant-
train sont recouverts de fer. En résumé, le poids des ferrures varie de 1242 pour le **24**, à 385 pour le **3**, et le poids
des affûts depuis 2496 livres pour le **24**, jusqu'à 651 pour
le **3**.

Ces systèmes d'affûts de France et de Prusse embras-
saient à peu près le système de tous les affûts de l'Europe,
sauf des différences particielles. Ainsi, la voie varie suivant
les pays : en France, elle était de quatre pieds 1°; et en
Prusse, généralement, de quatre pieds 4°; en Angleterre,
de quatre pieds 6°; à Wesel, de trois pieds 9°; en Saxe,
de quatre pieds 7° six lig., etc. Mais, en outre, on avait
adopté en France, pour le canon de **4** à la suédoise, un système d'affût qui offrait des particularités en même temps
que des avantages fort remarquables. Un premier affût

avait été d'abord adopté : il était à timon, très-lourd et portait entre les flasques un coffret pour douze coups. Mais, à la suite d'expériences faites à La Villette, par les soins de du Brocard, cet affût fut remplacé par un autre plus léger à limonière, avec un cheval attelé sur le côté du limonier et monté par le charretier. Deux coffrets à côté de la pièce pouvaient contenir quarante coups; deux petites caisses pour les ustensiles étaient placées entre les flasques et les bras de limonière. Le coin de mire à coulisse remplaçait la vis de pointage des Suédois. Cet affût, présenté par Cuisinier, offrait, on le voit, plus d'un rapport avec l'affût actuel des Anglais.

En outre de ces affûts à rouages, existaient chez toutes les puissances, des affûts dits de place, et qui étaient d'espèces fort variées, la plupart de construction fort grossière, depuis les simples blocs de charpente jusqu'aux traîneaux de toute sorte. En France, cette variété existait aussi, mais à un degré moindre que partout ailleurs. Généralement, on employait un système d'affût extrêmement simple, peu lourd et économique, construit d'après les idées de Vauban : cet affût se composait de deux flasques pleins, d'une seule pièce ou de deux pièces assemblées, avec un logement des tourillons, et un essieu qui était terminé par deux roues pleines et formées d'une ou plusieurs pièces assemblées. Les bouts d'essieu formaient des saillies. Ces bouts, ainsi que les tenons de manœuvre placés à l'entretoise de lunette, permettaient d'embarrer pour manœuvrer la pièce. On en était venu à ne plus avoir que deux systèmes d'affûts. L'un, pour les calibres de 24, 16, 12, avait des flasques de sept pieds six pouces de longueur, des roues de vingt pouces de hauteur avec une épaisseur de douze pouces autour de l'essieu; l'autre affût, pour les calibres de 8 et 4,

avait six pieds quatre pouces de longueur, des roues de
vingt pouces avec des épaisseurs de huit pouces à l'essieu.
Le poids de ces affûts variait de cinq cents à douze cents
livres, leurs ferrures étaient peu nombreuses.

Les affûts de mortiers étaient de forme et de composition très-diverses suivant les pays, la nature de la pièce et
le caprice des constructeurs; il y avait cependant deux
systèmes généraux que l'on retrouvait dans presque toutes
les artilleries : le premier était l'affût en bois, composé de
deux forts madriers reposant de champ et par le grand côté
sur le sol, réunis par des entretoises. En Prusse, les affûts,
pour le mortier de 50 stein, avaient huit pieds de long et
trois pieds de haut; ils étaient garnis de ferrures telles que
bandes de fer, susbandes, appliquages de bandes, anneaux
et crochets pour la manœuvre. Le second système d'affûts
se composait de flasques de forme triangulaire, en fonte
de fer, ayant vers leurs sommets les logements des tourillons et réunis par des entretoises en bois. Enfin, en Prusse,
les petits mortiers à la Cohorn étaient placés sur des madriers d'un pied six pouces de long, sur huit pouces de
hauteur; on les fixait, à l'inclinaison de 45°, moyennant,
une plaque de fer et deux vis.

En outre de tous ces systèmes d'affûts, chaque artillerie
avait beaucoup de voitures destinées aux transports; il est
facile de comprendre que c'était dans cette partie surtout
que devait se présenter la variété la plus étendue de dispositions et de formes. Partout on retrouvait les chariots à
deux trains pour le transport des canons et des mortiers avec
leurs affûts, d'autres chariots pour les boulets et les bagages, des forges, des haquets pour les pontons, des charrettes de siége, puis enfin des voitures particulières et destinées au transport des munitions. En France, il y avait,

pour ce dernier usage, un chariot à deux trains, puis les
chariots d'artillerie. En Prusse, on avait le chariot et deux
charrettes. Mais les exigences de la guerre et l'emploi de
plus en plus développé des gargousses achevées faisaient
adopter de tous côtés des chariots légers et couverts, capables de suivre les pièces légères. Généralement en France,
en Allemagne, en Hollande, toutes ces voitures de l'artillerie étaient assez lourdes. Dans l'Europe orientale, au
contraire, et surtout en Russie, dans ces steppes immenses
où n'existait pas le moindre chemin et où les armées devaient traîner à leur suite des cinquante mille chariots, ces
voitures étaient beaucoup plus légères.

A tout ce matériel actif des diverses artilleries, il faut
joindre encore : 1° celui des mines, extrêmement simple et
même grossier, qui se trouvait généralement sur les
lieux ; 2° celui des sièges pour les plateformes et les fascinages, qui comprenaient les fascines, gabions, saucis-
sons, etc... enfin le matériel beaucoup plus compliqué des
ponts que l'artillerie était partout chargée de jeter, ponts
de pilotis, de chevalets, de bateaux et de pontons. L'usage
de ces derniers engins se répandait beaucoup. Construits en
cuivre ou en fer-blanc, ils avaient d'abord été fort lourds,
mais ils s'allégèrent de plus en plus, surtout dans l'Europe
orientale, pour suivre les marches rapides.

SECTION III.

Des différentes espèces d'artillerie. — Artilleries de place et de côte. — Artillerie de siége. — Composition des parcs. — Artillerie de campagne, discussion. — Artillerie de troupes et artillerie de parc. — Organisation des parcs de campagne. — Batteries et approvisionnements. — Attelages. — Artillerie de montagne.

De Vallière avait conçu une grande idée : c'était de soumettre au principe de simplicité et d'unité l'immense ensemble de tous les éléments de l'artillerie, de manière à n'avoir plus qu'à proportionner les forces des calibres à la nature des opérations. Un pareil système ne pouvait évidemment exister qu'autant que les opérations de campagne présenteraient, par le calme et la lenteur des mouvements, par l'usage des retranchements, par les combinaisons de l'attaque et de la défense, des rapports multipliés avec les opérations des siéges. C'était, en effet, ce qui avait eu lieu, à la fin de ces grandes guerres de Louis XIV dans lesquelles s'était formé de Vallière. Mais désormais les opérations de campagne, soumises à l'impulsion de génies vigoureux, se séparaient de plus en plus des lourdes opérations de siége. Il paraissait donc évident que deux systèmes bien tranchés d'artillerie étaient indispensables, et l'on travaillait en effet, de tous côtés, à asseoir sur des bases solides cette séparation que l'expérience ébauchait incessamment depuis des siècles et dans toutes les armées ; mais de Vallière et la plupart des officiers des corps de l'artillerie luttaient avec persévérance, énergie et même irritation, soutenant qu'avec leur système unique ils se faisaient fort de satisfaire à toutes les exigences, même à celles du nouveau système d'opérations en campagne.

Quoi qu'il en fût de ces résistances, la séparation de l'artillerie en deux masses distinctes, l'une pour les opérations relatives aux places, l'autre pour les opérations de campagnes, devient de plus en plus tranchée, non-seulement par la composition en calibre, mais encore par la nature et l'organisation du matériel; et même, la distinction ne s'arrête plus là. Chacune de ces deux grandes masses montre une tendance à se subdiviser en deux parties qui sont : pour la première masse, l'artillerie de place et de côte, puis celle de siége; pour la seconde, l'artillerie de campagne et celle de montagne.

Pour l'artillerie de-place et de côte, la masse est extrêmement confuse, lourde et variée : car toutes les places, depuis celles de la Turquie jusqu'à celles de la France contiennent des éléments de toutes les époques et de toute forme, qui, ne pouvant être détruits, sont appelés, dans la mesure de leurs moyens, à concourir à la défense. Il serait véritablement impossible d'entrer dans les détails de cette artillerie, véritable chaos résultant des dépôts successifs, des acquisitions et des guerres depuis des siècles. Ce que l'on peut dire, seulement, c'est que la simplification s'y introduisit aussi peu à peu, surtout en France, où les principes d'armement établis par Vauban et les chefs de l'artillerie sont appliqués toutes les fois que les circonstances le permettent.

Il est vrai de dire, cependant, que les circonstances sont assez pénibles, que les ressources des états sont assez faibles, et que les gouvernements sont assez peu prévoyants, pour ne pas permettre que l'on s'occupe suffisamment de régler cette masse d'artillerie. La France devait en faire l'expérience pendant cette guerre; plus d'une fois ses places devaient se trouver dépourvues du matériel nécessaire.

Il est donc fort difficile d'établir quel était l'armement réel des places : ce que l'on peut faire seulement, c'est d'indiquer les faits généraux qui résultent des états d'armement d'un grand nombre de places de France.

En partant d'un effectif total de cent bouches à feu, les pièces sont en bronze pour les 4 cinquièmes, en fonte de fer pour le cinquième restant. Les canons sont tous longs et entrent dans la proportion suivante : 0,12 pour le 24, 0,14 pour le 16, 0,16 pour le 12, 0,18 pour le 8, 0,25 pour le 4; les mortiers de 8°, 10°, 12°, et les pierriers, entrent pour un quart au moins dans le nombre total des pièces. Les canons et les mortiers sont approvisionnés à 400 coups. On compte, en outre, des milliers de grenades, 50,000 par exemple dans une place de cent pièces ; puis six calibres de petits boulets en fonte de fer, pesant depuis deux livres et demie jusqu'à un tiers de livre, pour le tir à mitraille. Des arquebuses à croc, des fusils de rempart, de gros mousquets à mèche ou à serpentine entraient pour 5,000 environ ; les fusils et les carabines rayées pour 4,000 ; enfin quantité d'armes blanches de toute sorte, épées, sabres, faulx, spontous, piques, etc.

Pour l'artillerie de côte, les canons et les mortiers étaient des plus forts calibres et presque toujours en fonte de fer. Les canons, extrêmement lourds, étaient sur d'assez mauvais affûts, difficiles à manœuvrer.

Pour les siéges, l'artillerie formait une masse extrêmement variable, suivant les puissances, les pays, les circonstances générales de la guerre et les places à attaquer. Tous les états s'efforçaient d'organiser et de construire des pièces pour les siéges ; mais personne ne savait les organiser et surtout les conduire comme la France, qui avait toujours à s'attaquer aux plus fortes places du monde, et qui, dans cette période de guerre, devait mettre le sceau à sa puissance d'action dans ces vastes opérations, au milieu des pays les plus fortement établis.

Désormais, en France, le parc de siége n'est pas une masse qu'une armée traîne à sa suite, mais bien la réunion d'une foule d'éléments d'artillerie, préparés et organisés à loisir dans des places environnantes et qui viennent, au moment donné, concourir devant la place àassiéger, pour rentrer à l'abri dès que l'opération de siége est finie.

Dans ce système d'organisation bien combiné, on comprend que la composition des parcs de siége ne saurait présenter rien d'absolu : cependant, de l'ensemble des siéges faits par les armées françaises pendant cette guerre, on peut déduire les faits suivants :

Les pièces à projectiles creux de fort calibres, mortiers à la Comminge, mortiers de 12° et de 8°, obusiers de 8°, entraient pour 0,33 dans la masse générale ; les mortiers à la Comminge, dont on fit usage, en 1745, au siége de Tournay, allaient disparaître, pendant que l'emploi des obusiers augmentait de manière à entrer quelquefois pour un quart dans la masse des pièces à projectiles creux ;

Les gros canons de 33 et 24 entraient pour 0,50. Les canons de 33 employés encore, notamment au siége de Fribourg en 1744, ne figuraient plus qu'exceptionnellement et allaient disparaître complétement ;

Les canons de 16 et de 12 entraient, par portions égales, dans la proportion de 0,12 ;

Les canons de 8 étaient deux fois plus nombreux que les canons de 4, et ces deux calibres entraient en tout pour 0,05 dans le parc général.

En comparant cette composition générale à celle des

sous le règne de Louis XIV, on voit les rapports suivants : le nombre des pièces à projectiles creux est le même ; seulement dans les nouveaux parcs les obusiers remplacent une partie des mortiers, et ces derniers se débarrassent des calibres extrêmes, en bas et en haut, pour se réduire aux calibres de 12° et 8° ; le nombre des gros canons de **24** est doublé, et le canon de **33** disparaît ; le nombre des canons de **16** et **12** a quadruplé ; le nombre des canons de **8** a doublé par rapport aux canons de **4** ; mais la quantité de ces deux calibres a diminué de plus des sept huitièmes dans le parc général.

La séparation de plus en plus tranchée, entre les opérations de siége et les opérations de campagne, amène pour l'artillerie de campagne une constitution de plus en plus spéciale, forte et mobile.

Cette période est celle des discussions et des essais entre les systèmes les plus divers pour l'artillerie de campagne. Tous les officiers d'artillerie et tous les généraux varient d'opinions ; les choses et les organisations apparaissent et changent rapidement dans toutes les armées, au milieu même des opérations les plus actives. Cependant de l'ensemble des faits généraux ressortent les conséquences suivantes :

La proportion de l'artillerie augmente depuis une jusqu'à cinq pièces par mille hommes ; la France est toujours la puissance qui emploie le moins de pièces ; la Prusse et la Russie sont les puissances qui en emploient le plus. L'artillerie de bataillon, composée de petits canons de **3** et de **4**, et même de petites licornes, s'établit et se développe en Prusse, en Russie, en Autriche, etc.; la France y renonce bien vite comme à un abus.

L'artillerie de parc, chez les étrangers et notamment en Prusse, se débarrasse de plus en plus des petits canons de **3** et **4**, qu'elle donne aux troupes, et ne se compose plus que de calibres assez forts. Au milieu de toutes les variations de Frédéric, on peut admettre pour la composition de ses derniers parcs : 0,30 en canons de **6** ; 0,45 en canons de **12** ; 0,20 en obusiers et mortiers ; 0,05 en canons de **24**. Les

parcs français, dont les pièces devaient satisfaire à toutes les exigences des troupes et des armées, contenaient une forte proportion de petits calibres. Au commencement de la guerre, on vit des armées avoir des parcs composés de 0,85 en canons de **4**, et 0,15 en canons de **24** courts. Mais, à la fin de la guerre, la composition était la suivante : 0,75 en canons de **4**, longs ou courts, 0,15 en canons de **8**, 0,10 en canons de **12** et **16**. Comparée aux parcs des époques précédentes, on voit que l'artillerie était plus forte en nombre, en calibre et en perfection.

La masse du parc était partagée en batteries de dix pièces, surtout pour les petits calibres, et en batteries d'un moins grand nombre de pièces pour les gros calibres. En France, la masse d'artillerie avait une belle organisation pour l'amplitude, la combinaison et la mobilité d'emploi. Régulièrement dirigée, elle se partageait en petits parcs détachés pour les différentes opérations auprès des grandes parties de l'armée, ou conservés comme réserves. Ces portions d'artillerie combinaient leur action avec celle des troupes et avec les différents buts à remplir. L'artillerie, sans gaspiller son action, s'introduisait ainsi dans toutes les parties et dans toutes les opérations de l'armée ; régie par un personnel habile et excité par les discussions, elle parvient à un haut degré de puissance. On en vint à faire trotter les batteries de **16** pour poursuivre les ennemis sur les champs de bataille.

SECTION IV.

RAPPORT DE L'ARTILLERIE AVEC LES TROUPES.—DE SA CONDUITE DANS LES DIVERSES OPÉRATIONS DE LA GUERRE.

La disposition des troupes s'améliore et se renforce beaucoup. Non-seulement l'infanterie ne se forme que sur trois rangs, mais encore on supprime les grands vides entre les rangs et entre les files, puis on réduit les intervalles entre les bataillons ; la ligne d'infanterie devient ainsi plus compacte et plus

maniable. Cette disposition est généralement adoptée ; cependant quelques puissances, comme les Russes, ont quelquefois une formation plus profonde. En France, tous les
écrivains militaires et beaucoup de chefs réclament la formation en colonnes. Puységur veut plus de trois rangs et
redemande des piques ; quant au maréchal de Saxe, dési-
rant concilier la puissance du feu avec la maniabilité des
troupes et la puissance de choc, il demandait pour un bataillon français le même front que pour les bataillons prussiens, mais des intervalles entre les pelotons, qui formeraient
de petits blocs de troupes sur huit hommes de profondeur.

La formation sur trois rangs, avec les hommes jointifs, se
prête plus facilement aux mouvements réguliers ; aussi la capacité manœuvrière de l'infanterie augmente. La rigueur de
l'instruction prussienne permet de montrer des lignes d'infanterie qui manœuvrent avec un ensemble et une régularité
presque mécaniques : mais ces conditions ne peuvent s'obtenir
que par l'observation rigoureuse du pas ordinaire et cadencé,
des alignements, de la tenue individuelle et de l'obéissance
passive. De cette observation rigoureuse résultent, pour l'infanterie prussienne, une lenteur et une roideur de mouvements d'autant plus grandes, que les bataillons n'agissent
jamais que sur des fronts étendus ; ils ont toujours l'air
d'être à la parade, même au milieu des mouvements les
plus pressants de la bataille. Le sentiment de ces défauts
choquait la vivacité et l'énergie des Français, leur faisait
rechercher des dispositions plus profondes, moins de régularité et plus de mouvement ; aussi admettaient-ils, dans
l'action, des bataillons disposés les uns derrière les autres
plutôt que de déployer, sur une seule ligne, un grand front.

L'ordre et l'organisation tendent à se mettre de plus en
plus dans la masse de l'infanterie. Le bataillon devient l'u-

nité tactique; sa plus grande concentration permet d'augmenter le nombre des hommes; il se partage en compagnies de plus en plus régulières. Les bataillons, au nombre de quatre à six, se groupent en brigades. Les brigades, au nombre de deux à trois, se groupent en divisions, ailes, corps, détachements, etc.

La cavalerie éprouve quelques changements : partout la formation sur trois rangs, et, exceptionnellement, celle sur deux rangs, sont adoptées; les cavaliers se rapprochent entre eux; la cavalerie française est la meilleure de l'Europe; elle charge avec vigueur et souvent l'épée à la main. Sous l'impulsion du maréchal de Saxe, cette action par le choc se développe; chez les autres puissances, au contraire, et notamment en Prusse, la cavalerie est lourde et guindée, n'agit qu'aux allures lentes et le plus souvent par le feu. Frédéric, mécontent de cette cavalerie que lui avait léguée son père, travailla incessamment à la perfectionner. Les puissances orientales ont toujours de grandes masses de cavalerie, agissant avec rapidité. L'Autriche venait quelquefois les montrer à l'Occident, dans les troupes légères que lui fournissait la Hongrie et les autres états du Danube; partout la proportion de la cavalerie orientale tend à diminuer; les Tatars seuls l'emploient presque exclusivement dans leurs armées.

En comparant la position des troupes à celle de l'artillerie, on voit que cette dernière a beaucoup gagné.

L'infanterie, par sa formation plus concentrée, s'est exposée aux ravages de l'artillerie, et d'autant plus que, par sa manie rigoureuse de cadence et d'alignement, elle n'a pu racheter par la mobilité d'action les dangers de cette concentration. L'infanterie dispose, à vrai dire, d'une plus grande rapidité de feu; mais l'artillerie, elle aussi, a réalisé de tous côtés le même progrès; de plus, cette artillerie a généralement conquis une plus grande proportion de pièces, une mitraille plus nombreuse, plus forte et de plus longue portée, des projectiles plus gros et dont un grand nombre éclatent. L'artillerie peut donc désormais concentrer des coups plus nombreux, plus variés et plus puissants, sur les fronts moins étendus et plus denses de l'infanterie.

Ce fut le sentiment de cette infériorité qui amena la plupart des généraux, et surtout Frédéric, à chercher dans l'artillerie même le moyen de soutenir l'infanterie contre l'artillerie; non-seulement on rétablit les pièces de troupes, mais encore on donna à leur emploi un développement qu'il n'avait jamais eu. Ainsi, désormais, une ou deux pièces d'artillerie font partie intégrante de chaque bataillon, et sont servies par des hommes faisant partie de ce bataillon. Généralement, ces pièces, placées sous les ordres d'un sergent, attiraient peu l'attention du chef de bataillon et des autres chefs : aussi étaient-elles assez mal dirigées. En fait, leur action n'était pas à hauteur des embarras et des dépenses qu'elles entraînaient : cependant, il est impossible de ne pas reconnaître qu'elles constituaient un véritable appui pour le bataillon, et que leur feu renforçait beaucoup celui de la mousqueterie.

Quant à la cavalerie, elle offre aussi à l'artillerie des buts plus concentrés, que peuvent ravager plus que précédemment les gros projectiles dont l'artillerie dispose désormais; on commence à sentir la nécessité de soustraire les escadrons à cette supériorité destructive par une plus grande rapidité de manœuvres et par l'appui de l'artillerie; mais ces principes sont encore indéterminés.

Le système des opérations générales de la guerre tend à

6.

se modifier; celui qui résultait des grandes guerres de Louis XIV consistait surtout dans les opérations longues et méthodiques de siége. La guerre de campagne était considérée comme un corollaire de ces opérations principales et abandonnée aux armées d'observation. Les novateurs français avaient réagi vivement contre ce système et demandé, au contraire, de donner aux opérations rapides et énergiques de campagne le rôle principal; ils réussissaient quelquefois. Mais l'influence royale, les traditions des vieux maréchaux formés sous Louis XIV, enfin la supériorité admirable des corps français de l'artillerie et du génie devaient ramener pendant cette époque la guerre de siége et réduire le plus souvent les opérations de campagne à de petits mouvements et à quelques batailles entre les armées d'observation et de secours.

Dans cette position, les forces françaises se trouvant partagées entre une armée de siége clouée à son travail et une armée d'observation condamnée à un champ circonscrit de positions, on comprend que le rôle des opérations actives était fort restreint; les convois d'approvisionnements et de services à l'armée de siége et à l'armée d'observation, les détachements pour occuper des postes, pour faire une diversion, pour protéger des fourrages, pour éclairer les mouvements de l'armée de secours, devenaient les opérations les plus ordinaires et souvent les seules pendant toute une campagne. De là résulta que l'habitude des détachements se répandit de plus en plus chez les Français, et en vint à influencer de plus en plus l'organisation et la conduite des armées. Les grandes opérations tendaient à ne devenir que la réunion combinée de détachements ou de petits corps chargés chacun d'une mission spéciale. Ce système d'opérations, que le maréchal de Saxe préconisait en disant qu'il fallait réduire les opérations à des affaires de postes, paraissait devoir convenir avant tout au génie actif et intelligent des Français. La mode était alors de les regarder comme incapables dans les grandes batailles, quelles que fussent d'ailleurs les victoires qu'ils remportassent.

Frédéric, lui aussi, voulut ramener l'importance de la guerre sur les opérations de campagne. Son génie actif et impétueux l'y portait, et puis, aussi, il faut bien le dire, l'incapacité théorique et pratique de ses armées pour les opérations de siéges. Dès lors, les opérations des Prussiens consistèrent surtout dans les mouvements d'une armée que Frédéric commandait en personne et qui devait, à travers de grands espaces, agir contre les armées ennemies.

Cette position et ce système de guerre de Frédéric devaient l'amener à conserver toujours toute son armée sous sa main, pour la diriger suivant le grand but qu'il pourrait avoir; aussi était-il très-peu partisan du système d'action par détachements combinés : « Il faut viser aux grands coups, disait-il ; qui trop embrasse mal étreint. Les grands succès n'appartiennent qu'aux masses frappant sur un point donné. »

Ces différences dans le système d'action des Français et des Prussiens devaient en amener aussi dans l'ordre officiel de bataille. Frédéric a toujours les grandes spécialités séparées d'infanterie avec ses pièces, de cavalerie généralement partagée en deux ailes, puis d'artillerie, qui forme son parc à part et derrière l'infanterie. La disposition générale comprend deux lignes de troupes ; souvent elle comprend aussi une avant-garde et une petite réserve de quelques bataillons. En France, au contraire, l'ordre de bataille officiel se partage de plus en plus en corps spéciaux ; on y trouve l'avant-garde, le corps de bataille sur deux lignes, comprenant deux corps d'infanterie et deux de cavalerie, les corps des ailes, les corps de flanqueurs, les réserves, etc. Cette disposition tend à briser de plus en plus les grandes spécialités d'infanterie, cavalerie, artillerie, en fractions qui sont mises en rapport dans les petits corps. Ce principe de l'appui mutuel des armes se dessine de plus en plus : le maréchal de Saxe l'a mis surtout en évidence, en proposant l'organisation de l'armée par légions.

Les grandes marches d'armée, de même que les marches manœuvres, prennent plus de développement que précédemment, presque toutes les armées sont appelées à sortir du théâtre ordinaire de leurs opérations; par suite, elles sentent la nécessité de modifier leur composition et leurs dispositions en raison de la variété des terrains; puis, de chercher à se débarrasser des superfluités qui, depuis longtemps, encombraient toutes les armées. La chose n'était pas facile, car toutes ces superfluités d'hommes, d'animaux et de matériel tenaient aux mœurs de l'époque, aux habitudes des puissances, aux prérogatives de représentation pour les différentes classes; cependant les chefs d'armée un peu fermes, et notamment le maréchal de Saxe et Frédéric, s'efforcèrent de réduire le nombre des charrois comme aussi de réglementer les dispositions de ceux qu'ils conservent en grand nombre pour l'artillerie, les outils, les vivres, les effets, le campement, les bagages.

Le maréchal de Saxe, surtout, s'occupa beaucoup de ces charrois jusqu'alors négligés : il proposa pour tous le même système de voitures et de roues avec des avant-trains à timon.

Dans les marches en masse, loin de l'ennemi, les diverses spécialités, telles que l'infanterie, l'artillerie, la cavalerie et les charrois, marchent séparées, suivant les meilleures routes; mais, près de l'ennemi, dans les marches menaçantes, où l'on doit se tenir prêt à former l'ordre de bataille, les différentes spécialités sont distribuées suivant la place qu'elles doivent occuper dans cet ordre. Généralement, on n'emploie que les marches de front sur un nombre variable de colonnes.

Frédéric en est encore à n'avoir que cinq colonnes : une centrale, pour l'artillerie; deux latérales, pour l'infanterie; deux extrêmes, pour la cavalerie. Les autres puissances emploient un plus grand nombre de colonnes. Ainsi, en France, on voit l'armée se partager en onze et même treize colonnes, composées, les unes d'infanterie avec de l'artillerie, d'autres de cavalerie seulement et d'autres d'artillerie seulement. Ces colonnes s'avancent de front, par des chemins différents, à hauteur et à distances régulières, pour venir aboutir à l'ordre de combat en présence de l'ennemi. Chaque colonne a généralement un escadron ou un bataillon de front, et se trouve précédée de détachements de travailleurs avec des outils, afin de préparer le terrain pour les passages. On comprend combien de semblables marches devaient être pénibles et longues, et combien la formation régulière de l'ordre de bataille était difficile.

Frappé de ces inconvénients, Frédéric commença à pratiquer, avec une grande prédilection, la marche de flanc et par lignes : ainsi, chaque ligne de troupes formait une colonne. La masse du parc d'artillerie en constituait une troisième, tantôt intermédiaire, tantôt intérieure à l'ordre de marche. Ainsi, partagée en trois colonnes seulement, l'armée s'avançait, défilait ensuite devant ou sur le flanc de l'armée ennemie pour se mettre en bataille, ce qui se faisait presque instantanément, sauf la distribution de l'artillerie.

Un pareil ordre de marche ne manque pas d'inconvénients et surtout de dangers devant un ennemi actif ; mais les ennemis de Frédéric, paralysés en quelque sorte par son génie constamment offensif et par la difficulté de manier leur armée, ne songèrent pas à en tirer parti.

Pour les batailles, un grand progrès se manifeste : c'est la proclamation de ce principe que les ordres de bataille ne doivent avoir rien de systématique et que les dispositions des diverses forces doivent être prises en raison des circonstances et des terrains. Cependant, dans la plupart des ordres de bataille de Frédéric et des alliés, on ne retrouve que l'ancien système : deux lignes d'infanterie flanquées de deux lignes de cavalerie ; les pièces de troupe aux ailes de chaque bataillon ; toutes les pièces de parc, partagées généralement en trois batteries, devant le centre et les ailes de l'infanterie.

En France, on remarque plus d'efforts de combinaison dans l'ordre de bataille : l'infanterie, la cavalerie, l'artillerie, sont disposées en fractions qui sont plus préparées à se prêter un appui mutuel et à se ployer aux circonstances du terrain et de l'action. Ainsi, on admet bien en principe le corps de bataille formé de deux lignes d'infanterie flanquées de deux lignes de cavalerie et précédées de batteries d'artillerie ; mais on ne s'en tient pas là : il y a aussi des corps d'ailes composées d'infanterie, de cavalerie et d'artillerie, qui flanquent ce corps de bataille ; puis des corps de réserve qui sont placés derrière lui ; puis, enfin, une ou deux réserves d'artillerie qui comprennent tous les gros calibres du parc, et qui sont destinées, soit à préparer l'action sur les points importants, soit à appuyer cette action de manière à obtenir un résultat tactique. Du reste, rien de sysstématique, même dans cette dernière disposition générale. Ainsi, il y a des batailles où toute la cavalerie est maintenue en réserve derrière l'infanterie, et où toute l'artillerie, surtout celle de parc, se trouve portée en avant.

Les dispositions de l'armée française la rendaient donc plus maniable, plus apte à des opérations compliquées et combinées; malheureusement, le jeu convenable était difficile à obtenir entre tous ces éléments peu perfectionnés encore; et la lenteur de la mise en rapport faisait souvent manquer le but principal et gaspiller des efforts dans des résultats secondaires. Or, c'est là précisément ce que ne voulait pas Frédéric, dont le génie net, prompt, vigoureux, laissait de côté les opérations secondaires pour frapper en masse au point important. Il tirait, à cet effet, tout le parti possible de sa lourde et roide ligne de bataille.

L'offensive était dans le génie de Frédéric : il la prit dans toutes les batailles. D'abord, il employa le système des attaques de front, comme dans l'époque précédente ; longues canonnades sur toute la ligne, choc des troupes, infanterie et cavalerie droit devant elles; mais les pertes qu'il essuya, pour n'aboutir qu'à des résultats médiocres, lui firent sentir la nécessité de mettre plus de combinaison : aussi, désormais, il adopta le système d'attaque par aile ou dans l'ordre oblique. Généralement, il n'emploie pas d'autre combinaison que de faire précéder sa ligne de bataille, devant l'aile attaquante, par un corps d'avant-garde, qui, muni de pièces de gros calibres, et notamment de canons de 24, cherche à déborder l'aile ennemie, et à tirer en flanc sur toute la ligne. Cette belle disposition réussit ordinairement : mais l'artillerie ne parait pas songer encore à tout ce qu'elle peut faire pour la soutenir.

Les autres armées, qui furent appelées à agir offensive-
ment, paraissent tenir généralement à s'engager sur tout le
front, poussant droit devant elle, tout en réunissant quelquefois de plus grands efforts sur un point particulier.
C'est ce que font les Français : bien que s'engageant sur
tout le front, ils ont toujours un but tactique, qui consiste
généralement à écraser une aile ennemie; et ils cherchent
à le faire au moyen des corps de flanc qui doivent tourner
cette aile, puis des réserves qui viennent renforcer l'attaque
que fait de front l'aile française. Ainsi, l'opération a lieu
par une combinaison de manœuvres et d'attaques partielles
auxquelles concourt l'artillerie d'une manière souvent remarquable. Généralement, il est très-difficile de lier ces attaques : aussi la lutte est-elle longue et dangereuse. Pendant
qu'elle dure, l'artillerie agit et manœuvre; et l'on voit quelquefois les grosses batteries de la réserve, en même temps
que les batteries du corps tournant et celles de l'aile attaquante et du centre, se réunir en manœuvrant et combiner
leur attaque concentrée contre le flanc de la ligne ennemie.
Du reste, cette capacité tactique de l'artillerie française se
montre dans toutes les circonstances, et le plus souvent d'elle-
même; tandis que, dans les armées prussiennes, la capacité
tactique de l'artillerie n'est pas à hauteur des dispositions
et des volontés de Frédéric.

Ce système d'attaque employé par le maréchal de Saxe,
exige de la part de tous les éléments de l'armée, une mobilité, une liaison, une valeur et une intelligence qui n'étaient
pas encore suffisamment développées : aussi les plus grandes
combinaisons d'attaque n'aboutissent-elles, le plus souvent,
qu'à une action éparpillée et lente, qui ne produit pas généralement les résultats décisifs que donne l'attaque directe
et massée de Frédéric. Du reste, dans toutes les armées,

quel que soit le système d'attaques, les troupes et l'artillerie se meuvent encore avec tant de lenteur, que, généralement, on ne peut poursuivre un succès et on se contente
d'agir contre la retraite ennemie en lui tirant des volées de
coups de canons de gros calibres.

Dans les batailles rangées, la défensive appartient presque toujours à l'Autriche et aux armées alliées, Anglais,
Hollandais, Hanôvriens, Autrichiens, etc., quelquefois à la
France. L'Autriche, attaquée de tous côtés, surprise dans
un état de grande incurie militaire, puis attaquée tout à
coup par le nouveau système de guerre de Frédéric, ne
montre pas d'abord une grande habileté ni une grande
force dans ses dispositions défensives : mais elle gagne de
jour en jour dans l'organisation et la distribution de ses
forces. L'artillerie, d'abord faible et éparpillée sur le front,
finit par être nombreuse et massée sur les points attaquables, de manière à faire horriblement souffrir l'offensive.

Les armées alliées montrent aussi quelques bonnes dispositions partielles sur leur ligne de défense. On cherche
à tirer grand parti des avantages des localités et surtout
des villages; on en forme les points d'appui de la ligne de
défense, et on les garnit de troupes, en même temps que
d'artillerie à la tête et sur les flancs. Les troupes avec leurs
pièces sont en ligne derrière les batteries et les villages,
prêtes à venir les soutenir et à poursuivre les déroutes de
l'attaque. Généralement, chez les alliés, cette ligne de la défensive est trop étendue, sans disposition bien combinée de
l'artillerie, et les troupes ne sont pas assez massées en arrière, de sorte qu'une seule des batteries enlevées, la ligne
est percée.

Telle ne se présente pas la défensive des Français aux
batailles de Coni, de Fontenoy et au champ de bataille

de Maestricht. L'artillerie de gros calibre et de longue portée forme une première ligne déterminée par des batteries dont la position et la force sont bien combinées avec les circonstances locales et avec le but tactique. Les gros calibres y sont disposés de manière à flanquer parfaitement cette ligne d'artillerie, et à ménager des appuis pour la retraite. En arrière des batteries, et vis-à-vis de leurs intervalles, sont établies les lignes d'infanterie ayant avec elles des brigades d'artillerie qui sont prêtes à aller renforcer la première ligne de batteries. Enfin, à la réserve générale de l'armée, sont encore des pièces, véritable réserve qui doit frapper et arrêter les ennemis après qu'ils auront pénétré la ligne défensive.

La défensive des Français est disposée, on le voit, à agir activement; mais pour cela il ne lui faut pas l'entrave des obstacles continus sur le front de défense : aussi le système des retranchements continus disparaît. La réaction se montre très-vive contre lui. Cependant l'usage des retranchements reste encore, mais seulement pour garantir les batteries : ce sont des redoutes isolées ou des redans et des flancs qui sont combinés avec les accidents du terrain et l'occupation des villages. De là résulte que les batteries de la ligne de défense sont très-difficiles à enlever et tiennent jusqu'au dernier moment. Aussi peuvent-elles facilement protéger tous les mouvements des troupes de la défense et frapper de loin et de près les efforts de l'attaque qui, du reste, prennent un caractère d'énergie active de plus en plus prononcé.

L'habitude d'occuper fortement les villages devait évidemment développer l'emploi des obusiers. En effet, les troupes attaquantes, ayant échoué souvent contre des villages lardés d'artillerie chargée à cartouches, on commence à croire que le meilleur moyen de les réduire est de les incendier, et quelquefois l'artillerie française en vient à regretter de ne pas avoir d'obusiers.

Pendant cette période, les opérations militaires amènent de nombreux passages de rivière dans toutes les contrées et notamment la construction de grands ponts sur le Rhin, l'Inn, le Danube, le Tidone, etc., les Français se montrent extrêmement habiles et actifs dans ces opérations. Les ponts sur pontons et sur bateaux sont les plus ordinaires : cependant les ponts sur radeaux sont d'un emploi très-étendu pour les affluents du Danube, à cause des masses de forêts qui couvrent ces contrées. Les passages de rivières ne se font presque jamais de vive force. Un système de mouvements et de canonnades préparatoires permet le plus souvent de tromper l'ennemi, quand ils réussissent ; mais souvent aussi, la lenteur de ces préparatifs avertit les ennemis et alors l'opération dégénère en canonnades de batteries, qui se contrebattent d'une rive à l'autre en se couvrant de retranchements. Du reste, pas un de ces passages n'est tenté, sans avoir une forte artillerie pour le soutenir.

La guerre de siége va perdre beaucoup de son importance dans le système de guerre que les novateurs s'efforcent de mettre en avant. Cependant, pendant cette période, elle est appliquée avec une étendue, une perfection et un éclat qui montrent la grande influence qu'elle exerce. A vrai dire, c'est la France presque seule qui pratique et élève si haut ce système des guerres de siége. Les traditions de Louis XIV, les volontés de Louis XV, qui pense toujours que la puissance royale ne peut être mieux représentée que par les efforts gigantesques et assurés que nécessite la prise des grandes places, enfin la présence à la tête des armées des

vieux chefs expérimentés, comme le maréchal de Noailles
pour le commandement général sous le roi, comme de Vallière pour l'artillerie, le comte d'Aumale pour le génie, devaient engager dans ce système d'opération, sur toutes les
frontières en Italie, sur le Rhin, et dans les Pays-Bas, jusqu'en Bohême. En Italie, les Français sont associés aux Espagnols qui, généralement, amènent de la lenteur dans les
opérations; sur le Rhin et dans les Pays-Bas, ils agissent seuls
et avec une puissance, une habileté et une énergie que l'on
ne retrouve nulle part au même degré. Quant aux armées
des autres puissances, l'Autriche seule essaie quelques sièges
en Bohême et sur le Danube, etc. : mais c'est à peine si elle
les ébauche. Frédéric aussi est bien tenté de faire des sièges :
mais, quoiqu'il s'adresse à des places assez mauvaises, il
est obligé de reconnaître l'incapacité de son armée pour ces
opérations; enfin les alliés pensent aussi à faire des sièges :
mais leurs opérations se bornent à organiser des magasins
de gros matériel. L'Angleterre fait de grandes fournitures à
ce sujet.

Ce qui distingue, entre toutes, les opérations de siége
faites par les Français pendant cette époque, c'est la science
parfaite qui préside à tous les mouvements et qui fait agir
toujours sur le point important, avec une rapidité, une vigueur et une habileté qui enlèvent le succès. C'est surtout
dans ces opérations, naturellement lentes et compassées, que
le génie de combinaison des généraux français peut s'exercer à son aise, sans être exposé à manquer du temps nécessaire pour recueillir les résultats de la victoire, comme sur
les champs de bataille en rase campagne.

Toutes les opérations successives des sièges sont étudiées
et conduites de manière à profiter des circonstances pour
procéder avec ensemble et rapidité contre la place.

Ainsi, l'investissement et la réunion du matériel d'artillerie n'ont plus lieu pour la marche lente et en masse d'une
armée et du parc. Mais ces opérations s'exécutent par la
réunion de colonnes de troupes et de colonnes de matériel,
qui, parties de point différents, marchent avec le reste pour
venir occuper, dans la ligne d'investissement ou dans le
grand parc d'artillerie, les positions qui leur sont assignées.

Ainsi encore, on applique aux grands parcs de l'artillerie de siége les principes d'organisation et d'unité d'action
complète qui se manifestent dans les armées de campagne.
Les parcs ou masses d'artillerie, au lieu de n'être qu'un
amas d'approvisionnements réunis dès le commencement
du siége, classés par grandes spécialités et mis en rapport
pour former les batteries d'action, ces parcs sont désormais formés par les réunions successives de petits parcs partiels, qui contiennent tous les éléments nécessaires pour
l'action complète des bouches à feu qu'ils contiennent. On
comprend l'immense avantage de cette organisation pour
la rapidité d'action et l'économie des transports. Puisque,
suivant les époques du siége, la nature des bouches à feu,
des munitions et des approvisionnements change; on peut
ne faire arriver les parcs partiels que successivement et
au moment seulement où chacun devra être mis en action;
de là résulte qu'avec des moyens de transport et d'organisation limités, dans une même localité, on peut poursuivre les approvisionnements pour les grands siéges. Le principe directeur et extrêmement fécond est donc celui-ci :
pour un siége dont les opérations doivent durer un mois,
par exemple, approvisionner la masse d'artillerie successivement par le travail provenant d'une petite force, au lieu
de l'obtenir tout à coup par le travail d'une force considérable, qui ne travaille que dans les premiers jours seule-

Arrivé devant la place, la reconnaissance se faisait aussi complète que possible. Le plus souvent, l'attaque avait lieu sur deux points à la fois : mais ces points étaient assez rapprochés pour que ces attaques pussent se relier facilement et concerter leurs dispositions. Ce système, qui amenait de grands avantages, mais qui demandait de grands moyens, était une conséquence de la force considérable des fortifications que l'on attaquait, et dont les ouvrages avancés avaient une forte action latérale sur les cheminements et sur les batteries.

La tranchée s'ouvrait toujours le plus près possible, sans tenir à la régularité du tracé et en profitant des circonstances locales, de manière à obtenir à la fois peu de travaux, une position solide, puis de bons emplacements pour les batteries. L'usage s'établit d'employer assez souvent une disposition remarquable, qui consiste à faire de la deuxième parallèle une ligne qui vient s'appliquer obliquement sur la première : de sorte que l'ensemble de ces deux parallèles forme une ligne brisée qui contient toutes les batteries, disposées de manière à se flanquer, à soutenir les cheminements et à contre-battre la place. Cette disposition permet de commencer, dans la première nuit, l'établissement des batteries. Dès les premiers instants, l'artillerie emploie tous ses moyens en canons, obusiers et mortiers, pour contre-battre, bombarder et faire brèche, quand cela est possible. Cette même promptitude à profiter de toutes les circonstances favorables pour mettre en jeu l'artillerie se fait remarquer à chaque instant du siége, à mesure que l'on avance, depuis la première parallèle jusqu'au couronnement des brèches enlevées par l'assaut. La rapidité et la vigueur d'action de l'artillerie, sous ce rapport, étaient **vraiment remarquables**

Mais cette précipitation à placer sur tous les points des batteries susceptibles d'action, n'amenait ni éparpillement, ni confusion. Au contraire, toutes ces batteries, dispersées sur le ol d'attaque, étaient constamment reliées entre elles par un système de combinaisons qui, malgré la variété de détails, obéissait aux règles sévères que la science et l'expérience des grands artilleurs et des grands ingénieurs avaient proclamées; tout éparpillement de feu était rigoureusement proscrit, et l'ensemble des batteries présentait, dans l'action générale, des effets de concentration qui amenaient des résultats décisifs.

Avec ces deux grands principes: établir le plus tôt et le plus près possible toutes les batteries, puis concentrer leur action, l'artillerie française agissait contre toutes les places et se ployait à toutes les circonstances locales, quel que fût le système de fortifications, depuis les hautes murailles sans grands flanquements de quelques places d'Italie jusqu'à la fortification, presque entourée de terre et d'eau, à flanquements multipliés et saillants des places dont Cohorn avait doté la Hollande, quelle que fût aussi la nature du terrain, depuis les plaines qui permettaient de développer de belles lignes continues de batteries et de tranchées, jusqu'à ces inondations des Pays-Bas, où toute l'attaque en était réduite à ne cheminer que sur quelques digues battues de tous côtés.

Le bombardement et le tir à ricochet devenaient de plus en plus les moyens d'action de l'artillerie pendant la durée du siége; les gros canons tirant de plein fouet n'étaient guère réservés que pour les contre-batteries des flancs et pour les batteries de brèche. Ces dernières batteries étaient toujours commencées et mises en action le plus tôt possible. En principe, on multipliait les brèches, tant au corps de

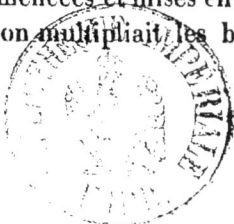

place qu'aux ouvrages avancés ; et, quand ces derniers
étaient enlevés, les batteries qui les avaient battus en brèche
étaient rapidement conduites dans l'intérieur pour s'établir
sur le terre-plein et joindre leur action à celle des batteries
qui déjà battaient directement le corps de place. Quelquefois, contre les murailles en évidence, les batteries de brèche
commençaient à des distances qui pouvaient varier jusqu'à
500 mètres : mais, généralement, il fallait arriver au couronnement des chemins couverts, ou descendre même dans
la contrescarpe. Du reste, rarement la même brèche était
pratiquée par une seule batterie ; le plus souvent, c'était des
petites batteries qui, placées sur des points différents, réunissaient leur action sur la même brèche. L'emploi du canon de **33** commençait à devenir fort rare ; le canon de
24 était le véritable instrument de brèche. On commençait
à lui adjoindre des obusiers de **8**° pour écrêter.

L'obligation pour l'attaque de multiplier les batteries de
brèches rapprochées des fortifications sur des terrains extrêmement étroits et enfermés par des saillants de fortification, mettait l'artillerie à de bien rudes épreuves : la multitude de pierres et de petits projectiles creux, de coups
d'armes de rempart et de mousqueterie, enfin, par dessus
tout, les mines, qui bouleversaient incessamment le terrain et les batteries, en brisant et en effondrant le matériel
et les hommes, rendaient véritablement affreuse de peines
et de dangers la position de cette artillerie attaquante.
L'emploi des mines prenait, notamment dans les Pays-Bas,
une grande extension : les découvertes des mineurs de
l'artillerie française, leur science, leur pratique et leur audace, donnaient à ce moyen d'action une puissance inu-
sitée. L'attention était vivement portée vers l'emploi des
grands fourneaux de compression, et les mines fortement

chargées amenaient dans les terrains des effondrements
énormes. Ainsi, sur les espaces rétrécis de l'attaque rapprochée, deux systèmes généraux d'artillerie agissaient superposés : d'un côté la lutte souterraine des mineurs, de l'autre
la lutte en plaine ou sur des terrains incessamment bouleversés et inondés de projectiles. L'artillerie française eut
plusieurs fois occasion de se trouver dans cette position
terrible, et s'en tira avec grande gloire.

Il est remarquable que, pendant cette période, pas un des
nombreux et grands siéges que firent les Français, à part
celui de Coni, où l'on fut paralysé par la lenteur et l'enté-
tement des Espagnols, pas un de ces siéges qui ne réussît
avec une rapidité remarquable. Cependant, beaucoup de
places se défendirent très-vivement; mais la supériorité de
l'attaque se manifestait avec trop de puissance dans les
mains des Français. Le plus souvent, quand les places
voyaient la disposition et l'action concentrées des batteries
de brèche, elles cédaient. Du reste, la défense se servait activement de tous les moyens que les progrès de l'artillerie
pouvaient permettre, notamment des projectiles creux et
des mines. Son action, aux distances rapprochées, était
souvent terrible. Enfin la défense commençait à agir avec
plus d'efficacité par l'emploi de plus en plus étendu des
batteries de contre-approche, pour prendre des revers et
des enfilades sur les attaques.

7.

CHAPITRE II.

1740 à 1744.

Opérations Militaires.

SECTION I.

Campagnes de 1741. — Attaques contre l'Autriche. — Invasion de la Silésie. — Bataille de Molwitz. — Siége de Brieg. — Coalition et plan général d'opérations. — Armées en Westphalie, sur le Danube et en Moravie. — Invasion de la Bohême. — Prise de Prague. — Opérations en Italie et dans le Nord. — Bataille de Wilmanstad.

Au mois de décembre 1741, pendant que de nombreux prétendants se disputaient les états délabrés que l'empereur d'Autriche avait laissés à la jeune Marie-Thérèse, Frédéric, auquel personne ne pensait, envahit tout à coup la Silésie, avec 28,000 hommes et 33 pièces d'artillerie dont 13 de parc (1).

---

(1) Ces trente-trois pièces comprenaient vingt canons de **8** pour ces bataillons, quatre canons de **12**, quatre obusiers et quatre mortiers de **40** stein.

La population de la Silésie était favorable aux Prussiens; les troupes autrichiennes étaient absentes; les places avaient leurs fortifications en mauvais état et manquaient d'artillerie : aussi, l'attaque de Frédéric ne fut qu'une prise de possession assez rapide, pendant laquelle les places et les forts se rendaient à la vue de l'artillerie. La seule ville de Neïss refusa de se rendre, malgré un feu assez vif de boulets rouges et de bombes; et, comme les Prussiens manquaient de grosse artillerie pour faire un siége régulier, ils ne purent que bloquer cette place, ainsi que celles de Brieg et de Glokau qu'ils n'avaient pas osé attaquer.

Cette invasion de la Silésie produisit une grande sensation dans les états européens, qui commencèrent à s'agiter pour entrer en action. Mais Frédéric, voulant profiter de l'avance qu'il avait prise, laissa 36,000 hommes et trente-sept pièces d'artillerie pour couvrir la Prusse, et revint en Silésie avec un parc bien approvisionné de cinquante canons de 24, quatre canons de 6 et seize gros mortiers. Cette artillerie fut massée à Ohlau, qui devint la principale place de départ pour les opérations des Prussiens en Silésie.

Cependant le général Neiperg parvenait, après de pénibles efforts, à réunir quelques forces autrichiennes. Les ressources de Vienne en artillerie étaient insuffisantes même pour la défense de l'Autriche, de sorte que Neiperg avait dû pénétrer dans les montagnes de la Bohême, pour recevoir seize canons qui furent pris dans différentes places de cette contrée et notamment dans Prague. L'armée autrichienne, forte de 20,000 hommes et 18 pièces d'artillerie, vint en Silésie, surprit les Prussiens au milieu de leurs cantonnements et menaça les grands dépôts d'Ohlau. Aussitôt Frédéric, rassemblant 30,000 hommes et 60 pièces d'artillerie dont 28 de parc (1), marcha aux Autrichiens, formé en cinq colonnes; celle du centre comprenait l'artillerie.

Ayant appris que les ennemis arrivaient, Frédéric se hâta de mettre son armée en bataille. Le terrain se trouvant trop resserré sur la droite, les derniers bataillons furent repliés en potence entre les deux lignes; de plus, deux bataillons de grenadiers avec leurs pièces furent réunis aux escadrons de cette droite. Les pièces de troupes se placèrent dans l'intérieur des lignes entre les bataillons. Les 28 pièces de parc formèrent quatre batteries placées très en avant de la ligne et peu soutenues (2).

Les Autrichiens débouchèrent tranquillement de Molwitz et se mirent en bataille devant les Prussiens, avec un ordre admirable. L'infanterie était sur quatre rangs et ne formait qu'une ligne, dans laquelle les 18 pièces d'artillerie étaient régulièrement distribuées. Dès que cette ligne fut formée, l'artillerie prussienne ouvrit le feu. Nombreuse et rapidement servie, elle domina facilement la faible artillerie autrichienne et fit cruellement souffrir la cavalerie de la droite qui était fort rapprochée. Le général Bormel, qui commandait cette cavalerie, sentant que sous un feu pareil elle allait bientôt se disperser ou périr, la reploya, passa derrière les bataillons, vint à la gauche de la ligne et tomba sur les es-

---

(1) Cette artillerie, très-nombreuse pour l'époque, comprenait trente-deux canons de **3**, dix-huit de **6**, quatre de **12** et six obusiers.

(2) M. Léopold d'Orlitz, dans son Histoire de la guerre de Silésie met, page 99, une note dont voici la traduction :

« Un écrivain du temps, avance que l'artillerie était à mille pas devant
« le front. Mais, comme le roi dit qu'il fit ouvrir le feu à 1500 pas, il faudrait
« admettre que les vingt-huit pièces n'étaient qu'à 500 pas des ennemis,
« ce qui n'est pas vraisemblable. Il est sûr cependant que ces pièces étaient
« trop loin de la ligne. »

cadrons prussiens qui faisaient un mouvement de flanc pour étendre leur droite au village d'Herrendorf. Ces escadrons furent culbutés ainsi que les batteries de la droite prussienne. Bormel prit neuf canons, en établit quelques-uns contre le flanc droit de l'infanterie et fit placer les autres près de Molwitz, pour appuyer sa retraite en cas d'échec.

Cependant les deux bataillons de grenadiers, qui étaient mêlés aux escadrons de la droite prussienne, tinrent bon avec leurs deux petites pièces, et vinrent se joindre à l'infanterie de la droite qui, flanquée par ses canons de 3 tirant à mitraille, montra une solidité extrême et repoussa toutes les attaques. Le feu durait depuis cinq heures à cette droite; les Prussiens allaient manquer de munitions, quand leur gauche se décida enfin à se porter sur le flanc droit des Autrichiens qui se sauvèrent dans un grand désordre, abandonnant dix pièces, des caissons et des pontons.

Dans cette bataille assez mal ordonnée et mal conduite, les Autrichiens eurent 7,000 hommes hors de combat. L'artillerie prussienne fit beaucoup de mal. Nombreuse et bien servie, elle montra une grande solidité dans toutes ses parties; mais elle fut mal établie, et elle agit sans combinaison.

Après cette victoire, Frédéric laissa les Autrichiens se rallier au delà de la ville de Neis et se contenta de faire le siége de Brieg. La grosse artillerie vint d'Ohlau. Le 1ᵉʳ mai, deux batteries de douze pièces chacune ouvrirent le feu, démontèrent en grande partie l'artillerie de la place et incendièrent le château. Le lendemain, de nouvelles batteries, comprenant 18 canons et six mortiers, vinrent ajouter leur feu à celui des premières batteries. Les tranchées n'étaient encore qu'à cinquante pas du pied des glacis, et aucune brèche n'avait été faite, quand la place, n'ayant plus de munitions, se rendit. Frédéric fut enchanté de ce simulacre de siége : car c'était la première ville que prenaient les armées prussiennes; il manifesta son contentement aux ingénieurs, mais il reprocha durement à l'artillerie d'avoir mis trop longtemps à faire ses batteries, de les avoir mal établies et mal servies (1).

Les opérations de Frédéric eurent un grand retentissement en Europe et mirent un terme aux discussions qui duraient depuis si longtemps. Les diplomates affluèrent dans le camp du jeune roi; les partis se dessinèrent, et tous les états commencèrent à agir en guerre.

Le 18 mai, la France, la Prusse, l'Espagne, la Bavière, la Saxe, la Sardaigne, la Suède, l'électeur Palatin, s'allièrent pour agir contre l'empire d'Autriche, le démembrer et s'en partager les dépouilles. Cet empire dut être soutenu par la Russie, la Hollande, le Danemarck, le Hanovre, la Hesse, mais surtout par l'Angleterre avec ses forts subsides et ses troupes.

Le plan d'opérations que les alliés adoptèrent fut le suivant : quatre armées, fournies par la France, la Prusse, la Bavière et la Saxe, combineraient leurs opérations de manière à marcher contre Vienne; en même temps, la Suède attaquerait la Russie; deux armées de France et de Prusse

---

(1) On trouva dans la ville soixante et un canons et huit mortiers. Le roi envoya sept des plus petits canons au général ingénieur de Molkrau pour le récompenser des bonnes dispositions qu'il avait prises. (Léopold d'Orlitz, page 117.)

L'artillerie prussienne travailla beaucoup pendant les cinq jours de tranchées et produisit assez d'effet. Sans doute, son action fut loin d'être parfaite; mais il paraîtrait que Frédéric se laissa trop entraîner, dans ses reproches, par son impatience naturelle et par de fâcheuses préventions.

réuniraient leurs efforts en Wesphalie contre les Anglais,
les Hanovriens, les Hessois et les Danois; les armées de
Sardaigne, de Naples et d'Espagne attaqueraient les possessions de l'Autriche en Italie; enfin la France, l'Angleterre et l'Espagne lutteraient sur toutes les mers en Asie
et en Amérique. On le voit, toute l'Europe devait entrer
en guerre. Cette époque était celle des discussions, des
combinaisons et diversions indéfinies. Voici ce qui advint
de cet immense plan.

Une armée française, commandée par le maréchal de
Maillebois, partit de Sédan, au mois d'août 1741, jeta des
ponts sur la Meuse, et passa le Rhin à Kayserwerth, sur
un pont de bateaux construit par les troupes de l'Électeur
palatin, sous la direction des officiers français. Cette armée
s'avançait tranquillement pour aller occuper l'électorat de
Hanôvre, quand Frédéric, qui craignait les trop grands
succès de la France, fit conclure un traité de neutralité avec
l'électeur. L'armée française dut s'arrêter et prit ses cantonnements. L'artillerie, alimentée par des convois venant
de Metz, était massée à Juliers et à Kayserwerth, se contentant de détacher quelques charrettes de munitions près
des corps de troupes; cette mesure était devenue nécessaire,
parce plusieurs de ces corps négligeaient de s'approvisionner ou bien gaspillaient les munitions qu'on leur laissait (1).

Une autre armée française de 40,000 hommes, que devait commander le maréchal de Belle-Isle, se mit aussi en

---

(1) « Quoique la cavalerie doive s'entretenir de poudre, de plomb et de
pierres à fusil, il arrive souvent qu'elle n'en a point. On a dû lui en donner au départ de France : si elle n'en a pas, les majors devront en acheter. »
(Lettre du chevalier de Belle-Isle. Francfort, 20 mars 1741.)

mouvement pour opérer sur le Danube et pour pénétrer en Bohême. L'artillerie, commandée par le général Du Brocard, comprenait : 1° un parc de campagne composé de huit canons courts de 24, pour agir contre les postes, et de quarante canons de 4 à la suédoise; 2° une masse considérable de munitions, armes, approvisionnements, pontons et bateaux; toutes choses que l'on jugeait indispensables, car on savait qu'il ne fallait pas compter sur les ressources de la Bavière et des places ennemies.

Comme les approvisionnements étaient très-faibles en Alsace, il fallut beaucoup de peines, surtout de la part de l'artillerie, pour mettre cette armée en état de marcher. Enfin, dans le mois d'août, deux ponts de bateaux, venus de Strasbourg, furent jetés à Fort-Louis et à Lauterbourg. L'armée passa, formée en six divisions, et s'avança vers la Bavière. La grosse masse du matériel d'artillerie était transportée par des voitures de paysans. En traversant le Wurtemberg, où l'on trouva des chemins difficiles et abîmés par les pluies, les voitures, faibles et trop chargées, donnaient des peines extrêmes. Pour comble de misère, les généraux qui commandaient les divisions reléguaient cette artillerie à la queue des bagages : aussi le personnel de l'artillerie s'épuisait dans des efforts continuels; le matériel demandait des réparations nombreuses ; les chevaux étaient mal nourris et écrasés de fatigue. Du Brocard, ayant fait d'inutiles représentations aux généraux, écrivit au ministre pour se plaindre amèrement et pour demander l'exécution des ordonnances. Enfin, le beau temps étant venu, on parvint à franchir les dernières montagnes du Wurtemberg, et l'on arriva à Donawert, qui devint la première place de dépôt pour agir sur le Danube.

L'électeur de Bavière, qui devait commander l'armée

réunie des Français et des Bavarois, avait profité de l'état d'épuisement et d'abandon des places autrichiennes pour les enlever jusqu'à Passau. Il était important de le rejoindre au plus vite pour pousser en avant. A cet effet, on embarqua à Donawerth, dans des bateaux et sur des radeaux, trois divisions d'infanterie, avec trente pièces à la suédoise et les munitions nécessaires. Ces forces descendirent le Danube jusqu'à Scharding, où elles furent rejointes par la cavalerie et par les chevaux de l'artillerie qui étaient venus par terre.

L'arrivée subite de ces forces jeta l'Autriche dans l'étonnement et la terreur. Vienne n'était couvert que par un corps mal organisé de 6,000 hommes, et les places intermédiaires entre cette capitale et Passau se trouvaient sans armement. L'armée franco-bavaroise avança le long du Danube, resta sept jours à Lintz pour faire établir des ponts sur la Traun et sur l'Ens, passa ces rivières et poussa en avant, précédée d'une avant-garde qui était munie de pièces à la suédoise. En arrivant à Mautern, après une longue marche, cette avant-garde trouva le poste défendu par des grenadiers, avec cinq saïques armées chacune de trois pièces et établies sur le Danube. Elle mit en batteries ses canons, qui forcèrent les saïques à s'éloigner, et qui permirent ainsi de jeter un pont sur le Danube. L'armée passa le fleuve, s'avança jusqu'à Polten, et de là poussa des détachements jusqu'à quatre lieues de Vienne.

Cependant, Frédéric devait agir en Moravie contre l'armée autrichienne et pousser aussi contre Vienne : mais, ayant trouvé les ennemis établis dans une forte position, derrière la ville de Neiss, il s'arrêta pendant huit semaines pour les observer, se contentant de faire quelquefois des détachements; dont le plus remarquable fut celui qui poussa contre Trankestrein, avec hui bataillons de grenadiers, vingt escadrons, huit canons de **3**, deux obusiers de **7** steins et deux mortiers de **16** steins.

A la fin de septembre, Frédéric se décida enfin à marcher contre les Autrichiens. A cet effet, il envoya deux équipages de pontons et de bateaux, avec 10,000 hommes et un parc d'artillerie de seize canons de **3** et de vingt de **12**, pour jeter quatre ponts sur la Neiss; mais ces lourdes pièces d'artillerie entravaient la marche; on perdit un jour, et les Autrichiens vinrent se mettre en bataille à huit cent pas du passage. Frédéric désirait peu pousser les ennemis, car, à ce moment, l'armée franco-bavaroise arrivait contre Vienne, et il craignait de voir l'Autriche succomber sous les coups de la France. Dès lors, Frédéric conclut une trève secrète : il fut convenu que les Autrichiens se retireraient par la Moravie, et que les Prussiens occuperaient la Silésie et assiégeraient Neiss pour la forme.

En conséquence de ces conventions, l'armée autrichienne se retira sur Vienne, emmenant avec elle un faible parc de seize pièces, attelées par des chevaux de paysans, et ramassant de l'artillerie partout où elle en trouvait. Quant à Frédéric, il eut l'air de continuer les opérations : il vint se placer devant la ville de Neiss, la battit de quatre canons de **12**, qu'il renforça successivement de douze gros mortiers, trente-deux gros canons et quatorze mortiers. Toute cette artillerie, conduite avec assez de désordre, fit beaucoup de bruit, et la place se rendit au bout de dix jours, comme il avait été convenu. Cela fait, la grande armée prussienne se partagea, et le roi revint à Berlin avec beaucoup d'artillerie.

Cependant, de l'Alsace à l'armée franço-bavaroise établie près de Vienne, ce n'était que mouvements continuels et fractionnés de troupes et d'armements. Au mois de septembre, quatre nouvelles divisions de troupes françaises, avec des pièces à la suédoise, passèrent le Rhin et se dirigèrent, partie sur le Danube et partie sur la Bohême. Les alliés avaient trouvé que la position de l'armée franco-bavaroise était trop aventurée à Saint Polten, et ils avaient décidé de laisser une seule division sur ce point et de diriger toutes les forces françaises, bavaroises, saxonnes, prussiennes, etc., dans la Bohême, où l'on formerait une seule masse qui manœuvrerait ensuite contre les Autrichiens.

On travailla vivement à exécuter ce plan défectueux. Danawerth, sur le Danube, devint la place centrale de dépôt et d'organisation pour les forces franco-bavaroises; elle envoyait constamment des convois d'artillerie, d'un côté, à Lintz, qui alimentait la grande armée franco-bavaroise, de l'autre, à Amberg, qui devenait le point d'appui pour les forces chargées de pénétrer directement en Bohême.

Vers la fin d'octobre, l'armée du Danube, laissant le comte de Ségur avec une forte division pour garder la ligne de l'Ens, fit un à gauche pour pénétrer dans les montagnes. Du Brocard se mit en marche des premiers, avec un grand convoi d'artillerie partagé en plusieurs portions. Il se tenait en tête avec cinq canons à la suédoise, et arriva à Badweiss bien avant toute l'armée (1); là, il mit tout en

---

(1) Le 29 octobre, alors que la queue des troupes françaises était encore à Saint-Polten, où les troupes légères des Autrichiens les harcelaient et les canonnaient au passage du Danube, du Brocard, établi déjà à Budweiss, écrivait au ministre : « L'armée est à trente lieues derrière moi ; mes cinq « pièces de canon sont ainsi la pointe la plus avancée en Bohême. »

œuvre pour faire des magasins considérables et pour radouber les voitures abîmées par les mauvais chemins; ensuite, il poussa jusqu'à Tabor et s'efforça d'y organiser des moyens de transport sur la Moldau, ce qui était d'autant plus nécessaire que les Autrichiens avaient enlevé les chevaux et les chariots du pays.

N'ayant d'autre appui que les deux places de Budweiss et de Tabor, faiblement établies, l'armée franco-bavaroise s'aventura jusqu'à quelques lieues de Prague. D'un autre côté, les divisions venues directement de France pénétrèrent en Bohême, se faisant précéder d'une avant-garde munie de six canons attelés avec des chevaux de paysans. Ces divisions s'étant réunies à un corps de Bavarois, qui était venu du haut Palatinat, formèrent une armée qui établit à Pilsen un centre d'artillerie, et qui vint, dans les premiers jours de novembre, rejoindre l'armée du Danube devant Prague. Les Saxons, au nombre de 20,000, puis un corps prussien parti de la Silésie, devaient bientôt rejoindre ces forces franco-bavaroises.

Les troupes devinrent donc fort nombreuses autour de Prague : mais elles n'avaient qu'une artillerie d'environ cent pièces de petit calibre, qui étaient tout à fait incapables d'agir fortement contre la ville, dans le cas où elle eût voulu résister. Prévoyant cette difficulté, le conseil des Alliés avait pensé à avoir de la grosse artillerie. Plusieurs moyens avaient été mis en avant, mais aucun d'eux n'avait réussi : d'un côté, les huit canons de 24 amenés de France étaient restés à Donawerth, faute de chevaux pour les conduire dans des montagnes difficiles; d'un autre côté, huit canons de 24 et quinze cents quintaux de poudre, que la ville de Nuremberg avait promis à l'électeur, et qui devaient amener avec elles les divisions venues d'Amberg, ne se trouvèrent pas prêts, par suite de discussions interminables. Enfin, un parc considérable de grosse artillerie, que devaient fournir les Saxons, resta à Budin, faute de chevaux pour le conduire.

La position des alliés était donc très-difficile devant Prague, d'autant plus que les forces autrichiennes arrivaient en hâte et commençaient à agir fortement : au centre, le maréchal de Neyperg, venu de la Silésie, et le grand-duc, accourant de Presbourg, se réunissaient, pénétraient en Bohême, enlevaient les convois et les deux places de Budweiss et de Tabor, avec leurs magasins, puis marchaient contre Prague. Les alliés sentirent qu'un coup d'audace pouvait seul les sortir de la position critique dans laquelle ils se trouvaient ; et, dans la nuit du 26 décembre, ils surprirent la ville et l'enlevèrent par un assaut. Dans cette opération, l'artillerie n'eut qu'à faire du bruit, pour attirer l'attention de l'ennemi hors des véritables attaques. On trouva dans la ville cent trois pièces de gros canons, beaucoup de munitions, puis des ateliers et des ressources pour remettre le matériel en assez bon état.

La prise de Prague fut un coup extrêmement heureux pour les alliés, mais ils ne surent pas en profiter : ils se dispersèrent en petits détachements, laissant l'armée autrichienne s'établir paisiblement sur la Moldau, avec ses places de Budweiss et de Tabor.

Vers la fin de décembre, cette armée, voulant profiter de la faute des alliés, marcha contre Piseck, où était établi un détachement franco-bavarois, avec seize pièces d'artillerie. A la nouvelle de cette marche, le maréchal de Broglie, qui venait de prendre le commandement des Français en Bohême, partit de Prague, emmenant avec lui un petit corps de troupes, avec Du Brocard et dix canons à la suédoise. En trois marches, de Broglie arriva à Piseck, juste au moment où les Autrichiens se présentaient pour attaquer. Il disposa toutes ses forces pour la défense de la ville et de la Woltawa : seize pièces furent établies devant sa droite, huit devant sa gauche, et deux dans un poste avancé sur la rivière. Les Autrichiens s'arrêtèrent, campèrent sur trois lignes, tentèrent un coup de main sur la ville, furent repoussés et partirent (1).

De Broglie prit ses cantonnements autour de Piseck, partagea son artillerie entre quatre postes, et fit les demandes les plus pressantes pour qu'on lui envoyât des chevaux. « Il en reste très-peu, écrivait-il, et ils sont tous en mauvais état. »

Pendant que ces opérations principales avaient lieu au centre de l'empire d'Autriche, les Russes et les Suédois combattaient dans le nord ; les Espagnols et les Italiens se préparaient à lutter en Italie contre les forces impériales.

Dans le nord, les opérations commençaient en août 1741. Les Russes, craignant une descente de la part des Suédois, dont les flottes dominaient dans la Baltique, rassemblèrent des corps d'armée en Ingrie, en Estonie et en Livonie, pendant que le maréchal de Lascy dut envahir la Finlande suédoise avec un corps de 10,000 hommes bien pourvu d'artillerie. Cette armée s'avançait lentement, formant une seule colonne, sur l'unique chaussée qui conduisait à la ville de Wismanstadt, quand elle se vit arrêtée par 5,000

---

(1) « Dans ces opérations, du Brocard m'a été d'un grand secours pour « l'artillerie. C'est un très-bon officier et propre à tout ce qu'on voudra « lui confier. » (Lettre du maréchal de Broglie au ministre, 29 décembre.)

Suédois qui s'étaient établis dans une forte position, avec une batterie de douze canons et quelques mortiers en avant de leur centre.

Les Russes, arrivés sur une hauteur en face de la batterie, établirent leurs pièces de 3 et de 6 ; l'on se canonna pendant quelque temps. Comme l'artillerie suédoise dominait et faisait d'assez grands ravages, deux régiments de grenadiers russes, suivis par deux autres régiments d'infanterie, marchèrent droit à cette artillerie en colonne sur deux compagnies de front, mais ils furent mis en désordre par le feu, puis repoussés avec de grandes pertes. Les Suédois s'avancèrent pour les poursuivre, mais ils masquèrent leur artillerie. Alors les Russes, les attaquant avec vigueur, les culbutèrent complétement, et s'emparèrent de la batterie qu'ils tournèrent contre la ville. Cette dernière fut enlevée d'assaut, puis rasée ; les Russes envoyèrent la population en Russie et repassèrent la frontière.

En Italie, les armées commençaient à se réunir : l'Autriche se renforçait et recevait l'appui momentané de la bonne armée piémontaise, dont le souverain cachait toujours ses prétentions personnelles ; la France ne paraissait pas encore ; le roi de Naples envoyait ses troupes, mais se voyait obligé de les retirer, sur la sommation d'une flotte anglaise qui apparaissait tout à coup devant Naples. Quant à l'Espagne, elle s'était hâtée d'expédier deux armées : l'une arrivait par les côtes des États du Pape, de la Toscane et de la Ligurie, pour se concentrer sous les ordres du comte de Montemar, pendant qu'une autre armée, sous Dom Philippe, traversait le midi de la France et longeait les Alpes de la Provence et du Dauphiné, pour venir enlever la Savoie au roi de Piémont.

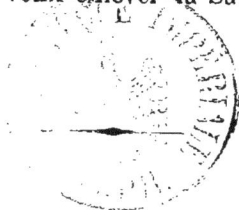

www.ingramcontent.com/pod-product-compliance
Lightning Source LLC
Chambersburg PA
CBHW070806270326
41927CB00010B/2316